五年制高等职业教育教材

语文 ②

总 主 编⊙王劲松
本册主编⊙郭建成
本册副主编⊙康广云　孔　伟　陶晶晶
　　　　　　朱　楠　秦　芳　王福利

北京师范大学出版集团
BEIJING NORMAL UNIVERSITY PUBLISHING GROUP
安徽大学出版社

图书在版编目(CIP)数据

语文.2/郭建成主编.—合肥:安徽大学出版社,2019.12
五年制高等职业教育教材
ISBN 978－7－5664－1834－0

Ⅰ.①语… Ⅱ.①郭… Ⅲ.①大学语文课－高等职业教育－教材 Ⅳ.①H193.9

中国版本图书馆 CIP 数据核字(2019)第 087014 号

语文 2 郭建成 主编

出版发行:	北京师范大学出版集团 安 徽 大 学 出 版 社 (安徽省合肥市肥西路 3 号邮编 230039) www.bnupg.com.cn www.ahupress.com.cn
印　　刷:	安徽省人民印刷有限公司
经　　销:	全国新华书店
开　　本:	170mm×240mm
印　　张:	15
字　　数:	213 千字
版　　次:	2019 年 12 月第 1 版
印　　次:	2019 年 12 月第 1 次印刷
定　　价:	38.00 元
ISBN	978－7－5664－1834－0

策划编辑:马晓波　钱翠翠　　　　　装帧设计:张同龙
责任编辑:马晓波　钱翠翠　　　　　美术编辑:李　军
责任印制:陈　如　孟献辉

版权所有　侵权必究

反盗版、侵权举报电话:0551－65106311
外埠邮购电话:0551－65107716
本书如有印装质量问题,请与印制管理部联系调换。
印制管理部电话:0551－65106311

习近平总书记在全国教育大会上指出：培养什么人，是教育的首要问题。要把立德树人融入思想道德教育、文化知识教育、社会实践教育各环节，培养德智体美劳全面发展的社会主义建设者和接班人。国务院《关于加快发展现代职业教育的决定》强调："在保障学生技术技能培养质量的基础上，加强文化基础教育，实现就业有能力、升学有基础。"

以初中为起点的五年制高等职业教育，主要培养兼具较高文化素质和专业技术技能的专门人才。"语文"作为五年制高等职业教育各专业必修的公共基础课，是学习文化基础课和专业技能课的基础与前提。

为提高五年制高职学生的文化素质，确保五年制高等职业教育质量，我们编写了本套教材。

一、宗旨与目的

本套教材的编写宗旨与目的为：以美育为主线，以能力为核心。

(1) 体现育人功能，使学生能够努力向真、向善，做一个讲诚信、有道德的人。

(2) 提升审美能力，使学生善于发现美、鉴赏美，做一个爱生活、有品味的人。

(3) 强调思辨能力，使学生能够思考、规划人生，做一个思进取、有追求的人。

(4) 提高实践能力，使学生能听会说、爱读善写，做一个能学习、善表达的人。

二、框架安排

本套教材分四册,每册5个单元,每单元选文5篇,以内容主题为划分标准。每单元后面分别安排"口语交际训练""应用写作""基础写作"和"综合实践活动"等内容,从听、说、读、写等方面对学生进行专题训练。另外,每本书最后都有附录,内容主要是一些常识性、法规性和工具性的知识,以拓展学生的视野,提升他们的综合能力水平。

三、选编原则

1. 内容经典性与当代性的融合

(1)教育的本质首先是接受,是传承,是将受教育者变成有历史感、有深度的人。经典是经过几代人的淘洗筛选得来的,代表了我们无法逾越的历史和必须了解的传统。其次,从经典的定义来看,经典同时体现着复杂的价值、立场、趣味。当某一作品所包含的信息、所传达的经验具有普适性时,它成为经典的可能性就越大,对个体的塑造功能也越大。

(2)语文教育的目的主要不是让学生去读史讲典,而是学会以汉语语言为工具,毫无阻隔地融入到当下的生活之中。而最便捷的方式无过于将当代作品引入教材,它意味着将当代人的生活、精神与价值引入课堂,将当代的文体、文风、语言状况与表达方式引入课堂。

2. 内容地方性与世界性的统一

(1)地方性是本套教材的特色之一,首先是立足地方,了解自己,然后才能更好地了解世界。第一册第一单元选编内容以安徽省为对象,内容包括安徽的自然风光、风土人情、非物质文化遗产等。

(2)适当选取了外国文学作品,帮助学生了解普适性的价值追求,同时能够接受、思考差异性的存在。开阔视野,了解部分国外习俗文化等。

3. 内容的深度与适切度的调合

考虑到五年制高职学生特点,既选了经典美文,发挥经典文本引领作用,提高学生文本鉴赏能力，又选择了一些浅显易懂、富有情趣的文章，提高学生的阅读兴趣。

  本套教材的编写者均为一线教师，具有丰富的教学经验，希望能为五年制高等职业教育奉献自己的一份力量，为广大五年制高职学生的成长贡献自己的光与热。

  教材编写过程中，我们学习参考了有关资料，对于资料的原作者，谨表深深的谢意。

  由于时间仓促，书中可能会有不妥之处，恳请广大师生在使用过程中提出宝贵意见，以便我们及时进行修订。

编者
2019 年 5 月

第一单元　美丽中国

1　边城（节选） .... 沈从文 / 004

2　荷花淀——白洋淀纪事之一 .... 孙犁 / 010

3　西湖的雪景 .... 钟敬文 / 020

4　周庄水韵 .... 赵丽宏 / 028

5　沙田山居 .... 余光中 / 032

口语交际训练：演讲 038

第二单元　感悟亲情

6　合欢树 .... 史铁生 / 048

7　爱的回音壁 .... 毕淑敏 / 053

8　父亲越来越小 .... 袁利霞 / 057

9　父母心 .... 川端康成 / 061

10 祭十二郎文 ……………………………………………… 韩愈 / 064

应用写作：启事与通知 ……………………………………………… 071

第三单元　工匠精神

11 都江堰 ……………………………………………… 余秋雨 / 084

12 绝品 ……………………………………………… 谈歌 / 092

13 成功的秘诀 ……………………………………… 斯蒂芬·茨威格 / 100

14 庖丁解牛 ……………………………………………… 庄子 / 105

15 品质 ……………………………………………… 约翰·高尔斯华绥 / 109

口语交际训练：即兴演讲 ……………………………………………… 118

第四单元　活力青春

16 青年是国家的未来和民族的希望 ……………………… 习近平 / 130

17 《青春》诗二首 ……………………………………………… 138

18 十八岁和其他——贺长子东东生日 ……………………… 杨子 / 142

19 做一个战士 ……………………………………………… 巴金 / 150

20 哦，香雪 ……………………………………………… 铁凝 / 154

基础写作：记叙文（写景状物）……………………………………………… 168

第五单元 一寸光阴

21 今 ······ 李大钊 / 176

22 给匆忙走路的人 ······ 严文井 / 181

23 时间即生命 ······ 梁实秋 / 185

24 假如今天是我生命中的最后一天 ······ 奥格·曼狄诺 / 188

25 渐 ······ 丰子恺 / 192

综合实践活动：主持 ······ 197

附 录

附录 中国古代文化常识选编 ······ 202

第一单元

美丽中国

单元导语

中国是世界四大文明古国之一,历史悠久、地大物博、风景宜人,作为炎黄子孙,我们要了解、热爱、建设好我们伟大的祖国,使我们的国家越来越好、越来越美。本单元就让文字带领我们一起领略它的无限魅力。

本单元的五篇课文通过对祖国大地山川、风物美景生动细致的描绘,有的表达了对自然、对人生的丰富感受和深刻思考,有的表现了深沉的家园之爱……沈从文的《边城》让我们体味到质朴的民风以及与大自然浑然一体的人性美。孙犁的《荷花淀——白洋淀纪事之一》通过"夫妻话别""探夫遇敌""助夫歼敌"这样几个场景,描写了白洋淀军民夫妻之情和家国之爱。钟敬文的《西湖的雪景》为我们展示了雪中西湖独特的清幽与纯美,作者引用古代诗文,营造高远清幽的意境,表现了作者幽远脱俗的闲情雅致。赵丽宏的《周庄水韵》是一篇精美的游记散文,文章写了作者三次游周庄的情景及感受,从不同的季节选择了不同的景物来描写,描绘了极具江南特色、富有温情的图画:仲春细雨图、春雪出霁图、春夜泛舟图,充分表现了周庄水乡的典雅幽美。余光中的《沙田山居》是一篇诗意浓郁、清丽唯美的写景散文,作者浓墨重彩描绘自己心爱的居所及周围景色,将不同美景尽览胸中,融情于景,抒发了思念祖国家乡的情怀。

本单元口语交际训练为演讲,介绍了演讲的概念、构成及技巧,借以提高学生的口语表达能力及胆量。

1 边城(节选)①

沈从文

•课文导读•

《边城》讲述的是一个凄美动人的爱情故事。它没有惊心动魄的情节，也没有撕心裂肺的感人场面，但它细腻而真实，像一根轻柔的丝线悠悠地牵动着读者的心弦，让读者在不知不觉间潸然泪下。小说由"题记"和21个章节构成，课文节选的是小说的第一节。

本文描绘了一幅由老人、翠翠和黄狗构成的充满乡土气息并洋溢着祖孙亲情的乡村风情画，为我们展现了湘西边城特有的清新秀丽的自然风光和民风的淳朴，给整篇文章都笼上了诗情画意之美。作者极力描写湘西自然之明净，也是为了写出湘西人的心灵之明净，对以翠翠为代表的湘西边城的人性美进行了描绘和讴歌，从而体现了作者对理想的人生形成和生命自由的追求。

由四川过湖南去，靠东有一条官路。这官路将近湘西边境到了一个地方名为"茶峒"的小山城时，有一小溪，溪边有座白色小塔，塔下住了一户单独的人家。这人家只一个老人，一个女孩子，一只黄狗。

小溪流下去，绕山岨②流，约三里便汇入茶峒③大河。人若过溪越小山走去，

---

① 选自《边城(汇校本)》(长江文艺出版社2009年版)。沈从文(1902—1988)，原名沈岳焕，现代著名作家、历史文物研究者，主要作品有《边城》《中国古代服饰研究》《唐宋铜镜》《龙凤艺术》等。
② 【山岨(jū)】上面有土的石山，一说上面有石的土山。
③ 【峒(dòng)】山洞(多用于地名)。

则只一里路就到了茶峒城边。溪流如弓背,山路如弓弦,故远近有了小小差异。小溪宽约廿丈,河床为大片石头作成。静静的河水即或深到一篙不能落底,却依然清澈透明,河中游鱼来去皆可以计数。小溪既为川湘来往孔道,限于财力不能搭桥,就安排了一只方头渡船。这渡船一次连人带马,约可以载二十位搭客过河,人数多时则反复来去。渡船头竖了一枝小小竹竿,挂着一个可以活动的铁环,溪岸两端水面横牵了一段废缆,有人过渡时,把铁环挂在废缆上,船上人就引手攀缘那条缆索,慢慢的牵船过对岸去。船将拢岸时,管理这渡船的,一面口中嚷着"慢点慢点",自己霍的跃上了岸,拉着铁环,于是人货牛马全上了岸,翻过小山不见了。渡头为公家所有,故过渡人不必出钱。有人心中不安,抓了一把钱掷到船板上时,管渡船的必为一一拾起,依然塞到那人手心里去,俨然吵嘴时的认真神气:"我有了口粮,三斗米,七百钱,够了。谁要这个!"

边城渡口

但不成,凡事求个心安理得,出气力不受酬谁好意思,不管如何还是有人要把钱的。管船人却情不过,也为了心安起见,便把这些钱托人到茶峒去买茶叶和草烟,将茶峒出产的上等草烟,一扎一扎挂在自己腰带边,过渡的谁需要这东西必慷慨奉赠。有时从神气上估计那远路人对于身边草烟引起了相当的注意时,这弄渡船的便把一小束草烟扎到那人包袱上去,一面说:"大哥,不吸这个吗?这好的,这妙的,看样子不成材,巴掌大叶子,味道蛮好,送人也很合式!"茶叶则在六月里放进大缸里去,用开水泡好,给过路人解渴。

管理这渡船的,就是住在塔下的那个老人。活了七十年,从二十岁起便守在这小溪边,五十年来不知把船来去渡了若干人。年纪虽那么老了,骨头硬硬的,本来应当休息了,但天不许他休息,他仿佛便不能够同这一分生活离开。他从不思索自己职务对于本人的意义,只是静静的很忠实的在那里活下去。代替了天,使他在日头升起时,感到生活的力量,当日头落下时,又不至于思量与日头同时死去的,是那个伴在他身旁的女孩子。他唯一的朋友是一只渡船与一只黄狗,唯一的亲人便只那个女孩子。

女孩子的母亲,老船夫的独生女,十五年前同一个茶峒军人唱歌相熟后,很秘密的背着那忠厚爸爸发生了暧昧①关系。有了小孩子后,这屯戍军士便想约了她一同向下游逃去。但从逃走的行为上看来,一个违悖了军人的责任,一个却必得离开孤独的父亲。经过一番考虑后,屯戍兵见她无远走勇气,自己也不便毁去作军人的名誉,就心想:一同去生既无法聚首,一同去死当无人可以阻拦,首先服了毒。女的却关心腹中的一块肉,不忍心,拿不出主张。事情业已为作渡船夫的父亲知道,父亲却不加上一个有分量的字眼儿,只作为并不听到过这事情一样,仍然把日子很平静的过下去。女儿一面怀了羞惭,一面却怀了怜悯,仍守在父亲身边,待到腹中小孩生下后,却到溪边故意吃了许多冷水死去了。在一种奇迹中,这遗孤居然已长大成人,一转眼间便十三岁了。为了住处两山多篁竹,翠色逼人而来,老船夫随便给这个可怜的

---

① 【暧昧(ài mèi)】指(行为)不光明,不可告人。

孤雏拾取了一个近身的名字，叫作"翠翠"。

翠翠在风日里长养着，故把皮肤变得黑黑的，触目为青山绿水，故眸子清明如水晶。自然既长养她且教育她，为人天真活泼，处处俨然如一只小兽物。人又那么乖，如山头黄麂①一样，从不想到残忍事情，从不发愁，从不动气。平时在渡船上遇陌生人对她有所注意时，便把光光的眼睛瞅着那陌生人，作成随时皆可举步逃入深山的神气，但明白了面前的人无机心后，就又从从容容的在水边玩耍了。

老船夫不论晴雨，必守在船头。有人过渡时，便略弯着腰，两手缘引了竹缆，把船横渡过小溪。有时疲倦了，躺在临溪大石上睡着了，人在隔岸招手喊过渡，翠翠不让祖父起身，就跳下船去，很敏捷的替祖父把路人渡过溪，一切皆溜刷在行，从不误事。有时又与祖父黄狗一同在船上，过渡时与祖父一同动手牵缆索。船将近岸边，祖父正向客人招呼"慢点，慢点"时，那只黄狗便口衔绳子，最先一跃而上，且俨然懂得如何方为尽职似的，把船绳紧衔着拖船拢岸。

风日清和的天气，无人过渡，镇日长闲，祖父同翠翠便坐在门前大岩石上晒太阳。或把一段木头从高处向水中抛去，嗾②使身边黄狗自岩石高处跃下，把木头衔回来。或翠翠与黄狗皆张着耳朵，听祖父说些城中多年以前的战争故事。或祖父同翠翠两人，各把小竹作成的竖笛，逗在嘴边吹着迎亲送女的曲子。过渡人来了，老船夫放下了竹管，独自跟到船边去，横溪渡人，在岩上的一个，见船开动时，于是锐声喊着：

"爷爷，爷爷，你听我吹——你唱！"

爷爷到溪中央便很快乐的唱起来，哑哑的声音同竹管声，振荡在寂静空

---

① 【麂（jǐ）】小型鹿类，雌性有短角，皮可制革。
② 【嗾（sǒu）】发出声音来指使狗。引申为指使、怂恿。

气里，溪中仿佛也热闹了些。实则歌声的来复，反而使一切更寂静。

有时过渡的是从川东过茶峒的小牛，是羊群，是新娘子的花轿，翠翠必争着作渡船夫，站在船头，懒懒的攀引缆索，让船缓缓的过去。牛羊花轿上岸后，翠翠必跟着走，送队伍上山站到小山头，目送这些东西走去很远了，方回转船上，把船牵靠近家的岸边。且独自低低的学小羊叫着，学母牛叫着，或采一把野花缚在头上，独自装扮新娘子。

茶峒山城只隔渡头一里路，买油买盐时，逢年过节祖父得喝一杯酒时，祖父不上城，黄狗就伴同翠翠入城里去备办东西。到了卖杂货的铺子里，有大把的粉条，大缸的白糖，有炮仗，有红蜡烛，莫不给翠翠一种很深的印象，回到祖父身边，总把这些东西说个半天。那里河边还有许多船，比起渡船来全大得多，有趣味得多，翠翠也不容易忘记。

思考与练习

一、下列词语中有错别字的一项是（　　　）
  A. 孤雏　山岨　黄麂　暧昧　　B. 茶峒　敏捷　怜悯　羞惭
  C. 俨然　攀缘　慷慨　违悖　　D. 残忍　眸子　振荡　弓弦

二、下列句子中，没有语病的一项是（　　　）
  A. 在沈从文离开故乡后，很少回来。但他在作品中，流露出对故乡深深的爱，故乡的山山水水和形形色色的人，都成了他永远惦念的对象。
  B. 边城因为文豪沈从文而驰名中外。后来，这里的城垣、白塔被毁，但翠翠岛、从文大道、古城墙等景点的修建，又为茶峒增添了新景。
  C. 那小小的木船，陈旧的竹篙，爷爷的呼唤，翠翠的娇嗔，黄狗的亲昵，夕阳下的白塔，一切的一切，都让沈从文的心里被烙上深深的印痕。
  D. 沈从文把茶峒优美的风景和淳朴的人情风俗融为一体，勾勒出一幅如诗如画的边城。

三、课文表现出边城茶峒怎样的民风？是如何表现的？

四、汪曾祺说："景是人物所在的环境，是人物的外化，人物的一部分。景即人。"请以翠翠为例，赏析课文是如何以景写人的。

五、细细品读全文，谈谈小说中的老人和翠翠各有怎样的品质。

六、读读记记

  1.朴素而天下莫能与之争美。   ——【中国】战国·庄子

  2.我们把美归结为质朴无华，实实在在，恰到好处。 ——【美国】爱默生

2 荷花淀①

——白洋淀纪事之一

孙 犁

• 课文导读 •

  本文是著名作家孙犁的代表作,写的是抗日战争时期冀中人民的斗争生活。作者笔下的战争场面,充满着人性之美和人情之美。作者在诗情画意中书写时代风云的变幻,清新朴素,描写逼真,心理刻画细腻,抒情味浓,本文有"诗体小说"之称。作者以轻松明快的笔调,通过白洋淀妇女由送夫参军到自觉地组织起一支战斗的队伍的细致描绘,歌颂了中国农村劳动妇女的美好心灵。她们识大体顾大局,爱丈夫更爱祖国,表现了作者对祖国和人民的真挚的爱。

  月亮升起来,院子里凉爽得很,干净得很,白天破好的苇眉子②潮润润的,正好编席。女人坐在小院当中,手指上缠绞着柔滑修长的苇眉子。苇眉子又薄又细,在她怀里跳跃着。

  要问白洋淀有多少苇地?不知道。每年出多少苇子?不知道。只晓得,每年芦花飘飞苇叶黄的时候,全淀的芦苇收割垛起垛来,在白洋淀周围的广

---

① 选自《白洋淀纪事》(中国青年出版社2004年版)。荷花淀是白洋淀的一部分,白洋淀是河北省中部的一个大湖。孙犁(1913—2002),原名孙树勋,河北安平人,现当代著名小说家、散文家,主要作品有《白洋淀纪事》《荷花荡》《孙犁文集》等。

② 【苇眉子】也叫"席篾儿"。把苇茎劈成又长又窄的席篾儿,供编席用。

场上，就成了一条苇子的长城。女人们，在场里院里编着席。编成了多少席？六月里，淀水涨满，有无数的船只，运输银白雪亮的席子出口，不久，各地的城市村庄，就全有了花纹又密、又精致的席子用了。大家争着买：

"好席子，白洋淀席！"

这女人编着席。不久在她的身子下面，就编成了一大片。她像坐在一片洁白的雪地上，也像坐在一片洁白的云彩上。她有时望望淀里，淀里也是一片银白世界。水面笼起一层薄薄透明的雾，风吹过来，带着新鲜的荷叶荷花香。

但是大门还没关，丈夫还没回来。

很晚丈夫才回来了。这年轻人不过二十五六岁，头戴一顶大草帽，上身穿一件洁白的小褂，黑单裤卷过了膝盖，光着脚。他叫水生，小苇庄的游击组长，党的负责人。今天领着游击组到区上开会去来。女人抬头笑着问：

"今天怎么回来得这么晚？"站起来要去端饭。水生坐在台阶上说：

"吃过饭了，你不要去拿。"

女人就又坐在席子上。她望着丈夫的脸，她看出他的脸有些红涨，说话也有些气喘。她问：

"他们几个哩？"

水生说：

"还在区上。爹哩？"

女人说：

"睡了。"

"小华哩？"

"和他爷爷去收了半天虾篓①，早就睡了。他们几个为什么还不回来？"

水生笑了一下。女人看出他笑得不像平常。

---

① 【虾篓】把许多小篓子用绳系着，里面放些食饵，沉在水里，用来捕虾。这种篓子叫"虾篓"。

"怎么了,你?"

水生小声说:

"明天我就到大部队上去了。"

女人的手指震动了一下,像是叫苇眉子划破了手,她把一个手指放在嘴里吮①了一下。水生说:

"今天县委召集我们开会。假若敌人再在同口安上据点,那和端村就成了一条线,淀里的斗争形势就变了。会上决定成立一个地区队②。我第一个举手报了名的。"

女人低着头说:

"你总是很积极的。"

水生说:

"我是村里的游击组长,是干部,自然要站在头里,他们几个也报了名。他们不敢回来,怕家里的人拖尾巴。公推我代表,回来和家里人们说一说。他们全觉得你还开明一些。"

女人没有说话。过了一会,她才说:

"你走,我不拦你,家里怎么办?"

水生指着父亲的小房叫她小声一些。说:

"家里,自然有别人照顾。可是咱的庄子小,这一次参军的就有七个。庄上青年人少了,也不能全靠别人,家里的事,你就多做些,爹老了,小华还不顶事。"

女人鼻子里有些酸,但她并没有哭。只说:

"你明白家里的难处就好了。"

---

① 【吮(shǔn)】吸、嘬。
② 【地区队】在党领导下的当地人民武装队伍。

水生想安慰她。因为要考虑准备的事情还太多，他只说了两句：

"千斤的担子你先担吧，打走了鬼子，我回来谢你。"

说罢，他就到别人家里去了，他说回来再和父亲谈。

鸡叫的时候，水生才回来。女人还是呆呆地坐在院子里等他，她说：

"你有什么话嘱咐嘱咐我吧！"

"没有什么话了，我走了，你要不断进步，识字，生产。"

"嗯。"

"什么事也不要落在别人后面！"

"嗯，还有什么？"

"不要叫敌人汉奸捉活的。捉住了要和他拼命。"这才是那最重要的一句，女人流着眼泪答应了他。

第二天，女人给他打点好一个小小的包裹，里面包了一身新单衣，一条新毛巾，一双新鞋子。那几家也是这些东西，交水生带去。一家人送他出了门。父亲一手拉着小华，对他说：

"水生，你干的是光荣事情，我不拦你，你放心走吧。大人孩子我给你照顾，什么也不要惦记。"

全庄的男女老少也送他出来，水生对大家笑一笑，上船走了。

女人们到底有些藕断丝连。过了两天，四个青年妇女集在水生家里来，大家商量：

"听说他们还在这里没走。我不拖尾巴，可是忘下了一件衣裳。"

"我有句要紧的话得和他说说。"

水生的女人说：

"听他说鬼子要在同口安据点……"

"哪里就碰得那么巧，我们快去快回来。"

"我本来不想去，可是俺婆婆非叫我再去看看他，有什么看头啊！"

于是这几个女人偷偷坐在一只小船上,划到对面马庄去了。

到了马庄,她们不敢到街上去找,来到村头一个亲戚家里。亲戚说:你们来得不巧,昨天晚上他们还在这里,半夜里走了,也不知开到哪里去。你们不用惦记他们,听说水生一来就当了副排长,大家都是欢天喜地的……

几个女人羞红着脸告辞出来,摇开靠在岸边上的小船。现在已经快到晌午了,万里无云,可是因为在水上,还有些凉风。这风从南面吹过来,从稻秧上苇尖吹过来。水面没有一只船,水像无边的跳荡的水银。

几个女人有点失望,也有些伤心,各人在心里骂着自己的狠心贼。可是青年人,永远朝着愉快的事情想,女人们尤其容易忘记那些不痛快。不久,她们就又说笑起来了。

"你看说走就走了。"

"可慌①哩,比什么也慌,比过新年,娶新——也没见他这么慌过!"

"拴马桩也不顶事了。"

"不行了,脱了缰了!"

"一到军队里,他一准得忘了家里的人。"

"那是真的,我们家里住过一些年轻的队伍,一天到晚仰着脖子出来唱,进去唱,我们一辈子也没那么乐过。等他们闲下来没有事了,我就傻想:该低下头了吧,你猜人家干什么?用白粉子在我家影壁②上画上许多圆圈圈,一个一个蹲在院子里,托着枪瞄那个,又唱起来了!"

她们轻轻划着船,船两边的水哗,哗,哗。顺手从水里捞上一棵菱角来,菱角还很嫩很小,乳白色。顺手又丢到水里去。那棵菱角就又安安稳稳浮在水面上生长去了。

---

① 【慌】这里是高兴的意思。
② 【影壁】正对门口的墙壁,又称"照壁"。有的在门外,有的在门里,像屏风一样。

"现在你知道他们到了哪里？"

"管他哩，也许跑到天边上去了！"

她们都抬起头往远处看了看。

"哎呀！那边过来一只船。"

"哎呀！日本鬼子，你看那衣裳！"

"快摇！"

小船拼命往前摇。她们心里也许有些后悔，不该这么冒冒失失走来；也许有些怨恨那些走远了的人。但是立刻就想，什么也别想了，快摇，大船紧紧追过来了。

大船追得很紧。

幸亏是这些青年妇女，白洋淀长大的，她们摇得小船飞快。小船活像离开了水皮的一条打跳的梭鱼①。她们从小跟这小船打交道，驶起来，就像织布穿梭，缝衣透针一般快。

假如敌人追上了，就跳到水里去死吧！

后面大船来得飞快。那明明白白是鬼子！这几个青年妇女咬紧牙制止住心跳，摇橹的手并没有慌，水在两旁大声地哗哗，哗哗，哗哗哗！

"往荷花淀里摇！那里水浅，大船过不去。"

她们奔②着那不知道有几亩大小的荷花淀去，那一望无边际的密密层层的大荷叶，迎着阳光舒展开，就像铜墙铁壁一样。粉色荷花箭③高高地挺出来，是监视白洋淀的哨兵吧！

---

① 【梭鱼】也叫"梭子鱼"。头尖，像织布的梭子。
② 【奔（bèn）】朝，向。
③ 【荷花箭】指荷花的花苞，像箭头一样顶在花梗上。

荷花淀

　　她们向荷花淀里摇,最后,努力地一摇,小船蹿进了荷花淀。几只野鸭扑棱棱飞起,尖声惊叫,掠着水面飞走了。就在她们的耳边响起一排枪声!

　　整个荷花淀全震荡起来。她们想,陷在敌人的埋伏里了,一准要死了,一齐翻身跳到水里去。渐渐听清楚枪声只是向着外面,她们才又扒着船帮露出头来。她们看见不远的地方,那宽厚肥大的荷叶下面,有一个人的脸,下半截身子长在水里。荷花变成人了?那不是我们的水生吗?又往左右看去,不久各人就找到了各人丈夫的脸,啊!原来是他们!

　　但是那些隐蔽在大荷叶下面的战士们,正在聚精会神瞄着敌人射击,半眼也没有看她们。枪声清脆,三五排枪过后,他们投出了手榴弹,冲出了荷花淀。

　　手榴弹把敌人那只大船击沉,一切都沉下去了。水面上只剩下一团硝烟火药气味。战士们就在那里大声欢笑着,打捞战利品。他们又开始了沉到水底捞出大鱼来的拿手戏。他们争着捞出敌人的枪支、子弹带,然后是一袋子一袋子叫水浸透了的面粉和大米。水生拍打着水去追赶一个在水波上滚动的东西，是一包用精致纸盒装着的饼干。

妇女们带着浑身水，又坐到她们的小船上去了。

水生追回那个纸盒，一只手高高举起，一只手用力拍打着水，好使自己不沉下去。对着荷花淀吆喝：

"出来吧，你们！"

好像带着很大的气。

她们只好摇着船出来。忽然从她们的船底下冒出一个人来，只有水生的女人认得那是区小队的队长。这个人抹一把脸上的水问她们：

"你们干什么去呀？"

水生的女人说：

"又给他们送了一些衣裳来！"

小队长回头对水生说：

"都是你村的？"

"不是她们是谁，一群落后分子！"说完把纸盒顺手丢在女人们船上，一泅，又沉到水底下去了，到很远的地方才钻出来。

小队长开了个玩笑，他说：

"你们也没有白来，不是你们，我们的伏击不会这么彻底。可是，任务已经完成，该回去晒晒衣裳了。情况还紧得很！"

战士们已经把打捞出来的战利品，全装在他们的小船上，准备转移。一人摘了一片大荷叶顶在头上，抵挡正午的太阳。几个青年妇女把掉在水里又捞出来的小包裹，丢给了他们，战士们的三只小船就奔着东南方向，箭一样飞去了。不久就消失在中午水面上的烟波里。

几个青年妇女划着她们的小船赶紧回家，一个个像落水鸡似的。一路走着，因过于刺激和兴奋，她们又说笑起来，坐在船头脸朝后的一个噘着嘴说：

"你看他们那个横①样子,见了我们爱搭理不搭理的!"

"啊,好像我们给他们丢了什么人似的。"

她们自己也笑了,今天的事情不算光彩,可是:

"我们没枪,有枪就不往荷花淀里跑,在大淀里就和鬼子干起来!"

"我今天也算看见打仗了。打仗有什么出奇,只要你不着慌,谁还不会趴在那里放枪呀!"

"打沉了,我也会浮水捞东西,我管保比他们水式②好,再深点我也不怕!"

"水生嫂,回去我们也成立队伍,不然以后还能出门吗!"

"刚当上兵就小看我们,过二年,更把我们看得一钱不值了,谁比谁落后多少呢!"

这一年秋季,她们学会了射击。冬天,打冰夹鱼③的时候,她们一个个登在流星一样的冰床④上,来回警戒。敌人围剿那百顷大苇塘的时候,她们配合子弟兵作战,出入在那芦苇似的海里。

思考与练习

一、给下列加点的字注音

惦（　　）记　　穿梭（　　）　　横（　　）样子　　硝烟（　　）

吭（　　）手　　围剿（　　）　　荷花淀（　　）　　泗（　　）

---

① 【横（hèng）】粗暴。
② 【水式】游泳的本领。
③ 【打冰夹鱼】打开冰捞底下的鱼。
④ 【冰床】也叫"冰排子",一种在冰上行驶的木制交通工具。

二、下列各句加点词语表达作用的解说不正确的一项是（　　）

　　A. 女人的手指震动了一下。（准确地表达出由吃惊而产生的心理反应。）

　　B. 苇眉子又薄又细，在她怀里跳跃着。（形容劳动的欢快心情。）

　　C. 说完把纸盒顺手丢在女人们船上，一泅，又沉到水底下去了，到很远的地方才钻出来。（渲染战斗胜利后的欢乐气氛，表现亲切带戏谑的感情。）

　　D. 小船蹿进了荷花淀。（形容在强敌面前的敏捷行动，也暗含对女人们擅自出门寻丈夫而遭到麻烦的善意批评。）

三、文章的景物写得很美，作用也是多方面的。比如，展示荷花淀的地域风貌，勾画恬静的充满诗情画意的艺术境界；为"话别"提供时间、地点和谐和的氛围；为荷花淀伏击战的环境作铺垫。请你再从塑造人物的角度谈谈开头几段景物描写的作用。

四、通过传神的细节描写来展现人物的心理世界，是刻画人物常用的手法之一，请从课文中举出一个典型的例子，并作简要分析。

五、课文写战争，但不见断壁残垣，而是一派秀美的白洋淀风光，作者这样写对表达主题有什么作用？

六、读读记记

　　1. 恨不抗日死，留作今日羞。国破尚如此，我何惜此头。

　　　　　　　　　　　　　　　　　　——【中国】吉鸿昌

　　2. 我爱我的祖国，爱我的人民，离开了它，离开了他们，我就无法生存，更无法写作。

　　　　　　　　　　　　　　　　　　——【中国】巴金

3 西湖的雪景①

钟敬文

· 课文导读 ·

文章以游踪为线索，采用移步换景的手法，从白堤、西泠桥，到灵隐寺、韬光庵，最后泛舟过断桥，直至登岸，从不同的角度，以多变的笔法细致地勾勒出各个景点雪景的不同情态，描绘出西湖云天山水的清寒、素雅、宁静、淡远的景致和游湖人的雅致，表现了深挚的隐逸之思，寄寓了幽深的眷恋和感伤的情怀，在看似有限的情思中，暗含对时代纷乱的深切忧思。

本文语言明白晓畅、亲切自然，富有节奏感。引用古文，与文章巧妙衔接，令人回味无穷。阅读时，要认真体会本文语言的优美。

从来谈论西湖之胜景的，大抵注目于春夏两季；而各地游客，也多于此时翩然来临。秋季游人已渐少，入冬后，则更形疏落了。这当中自然有致其然的道理。春夏之间，气温和暖，湖上风物，应时佳胜，或"杂花生树，群莺乱飞"，或"浴晴鸥鹭争飞，拂袂荷风荐爽"，都是要教人眷眷不易忘情的。于此时节，往来湖上，沉醉于柔媚芳馨的情味中，谁说不应该呢？但是春花固可爱，秋月不是也要使人销魂么？四时的烟景不同，而真赏者各能得其佳趣；不过，这未易以论于一般人罢了。高深父先生曾告诉过我们："若能高朗其

---

① 选自《读者最喜爱的经典散文》（百花洲文艺出版社2013年版），有改动。钟敬文（1903—2002），原名钟谭宗，广东海丰人，民俗学家、民间文学大师、现代散文作家，主要作品有《西湖漫拾》《湖上散记》等。

怀，旷达其意，超尘脱俗，别具天眼，揽景会心，便得真趣。"我们虽不成才，但对于先贤这种深于体验的话，也忍只当做全无关系的耳边风么？

西湖

自宋朝以来，平章西湖风景的，有所谓"西湖十景""钱塘十景"之说，虽里面也曾列入"断桥残雪""孤山霁雪"两个名目，但实际上，真的会去赏玩这种清寒不很近情的景致的，怕没有多少人吧。《四时幽赏录》的著者，在"冬时幽赏"条中，言及雪景的，几占十分之七八，其名目有"雪霁策蹇寻梅""三茅山顶望江天雪霁""西溪道中玩雪""扫雪烹茶玩画""雪夜煨芋谈禅""山窗听雪敲竹""雪后镇海楼观晚炊"等。其中大半所述景色，读了不禁移人神思，固不徒文字粹美而已。但他是一位潇洒出尘的名士，所以能够有此独具心眼的幽赏；我们一方面自然佩服他心情的深湛，另一方面却也可以证出能领略此中奥味者之所以稀少的必然了。

西湖的雪景，我共玩了两次。第一次是在此间初下雪的第三天。我于午前十点钟时才出去。一个人从校门乘黄包车到湖滨下车，徒步走出钱塘门，经白堤，旋转入孤山路，沿孤山西行，到西泠桥，折由大道回来。此次雪本不大，加以出去的时间太迟，山野上盖着的，大都已消去，所以没有什么动人之处。现在我要细述的，是第二次的重游。

那天是一月二十四日。因为在床上感到意外冰冷之故，清晨初醒来时，我便推知昨宵是下了雪。果然，当我打开房门一看时，对面房屋的瓦上全变成白色了，天井中一株木樨花的枝叶上，也黏缀着一小堆一小堆的白粉。详细地看去，觉得比日前两三回所下的都来得大些。因为以前的虽然也铺盖了屋顶，但有些瓦沟上却仍然是黑色。这天却一色地白着，绝少铺不匀的地方了。并且都厚厚的，约莫有一两寸高的程度。日前的雪，虽然铺满了屋顶，但于木樨花树，却好像全无关系似的，此回它可不免受影响了，这也是雪落得比较大些的明证。

老李照例是起得很迟的。有时我上了两课下来，才看见他在房里穿衣服，预备上办公厅去。这天，我起来跑到他的房里，把他叫醒之后，他犹带着几分睡意地问我："老钟，今天外面有没有下雪？"我回答他说："不但有呢，并且颇大。"他起初怀疑着，直待我把窗内的白布幔拉开，让他望见了屋顶才肯相信。"老钟，我们今天到灵隐去耍子吧？"他很高兴地说。我"哼"的应了一声，便回到自己房里来了。

我们在校门上车时，已九点钟左右了。时小雨霏霏，冷风拂人如泼水。从车帘两旁缺处望出去，路旁高起之地，和所有一切高低不平的屋顶，都撒着白面粉似的，又如铺陈着新打好的棉被一般。街上的已经大半变成雪泥，车子在上面碾过，不绝地发出唧唧的声音，与车轮转动时磨擦着中间横木的音响相杂。

我们到了湖滨，便换登汽车。往时这条路线的搭客是相当热闹的，现在却很零落了。同车的不到十个人，为遨游而来的客人还怕没有一半。当车驶过白堤时，我们向车外眺望内外湖风景，但见一片迷蒙的水汽弥漫着，对面的山峰，只有一个几乎辨不清楚的薄影。葛岭、宝石山这边，因为距离比较密迩①的缘故，山上的积雪和树木，大略可以看得出来；但地位较高的保俶塔，便陷于朦胧中了。到西泠桥近前时，再回望湖中，见湖心亭四围枯秃的树干，好似怯寒般地在那里呆立着，我不禁联想起《陶庵梦忆》中一段情词俱幽绝的文字来：

崇祯五年十二月，余住西湖。大雪三日，湖中人鸟声俱绝。是日更定，余拏一小舟，拥毳衣炉火，独往湖心亭看雪。雾凇沆砀，天与云与山与水，上下一白。湖上影子，惟长堤一痕、湖心亭一点与余舟一芥，舟中人两三粒而已。到亭上，有两人铺毡对坐，一童子烧酒炉正沸。见余，大喜曰："湖中焉得更有此人！"拉余同饮。余强饮三大白而别。问其姓氏，是金陵人，客此。及下船，舟子喃喃曰："莫说相公痴，更有痴似相公者！"（《湖心亭看雪》）

不知这时的湖心亭上，尚有此种痴人否？心里不觉漠然了一会。车过西泠桥以后，车暂驶行于两边山岭林木连接着的野道中。所有的山上，都堆积着很厚的雪块，虽然不能如瓦屋上那样铺填得均匀普遍，那一片片清白的光彩，却尽够使我感到宇宙的清寒、壮旷与纯洁！常绿树的枝叶上所堆着的雪，和枯树上的很有差别。前者因为叶子衬托着之故，雪片特别堆积得大块点，远远望去，如开满了白的山茶花，或吾乡的水锦花。后者，则只有一小块的雪片能够在上面黏着不坠落下去，与刚着花的梅李树绝地相似。实在，我初次几乎把那些近在路旁的几株错认了。野山上半黄或全赤了的枯草，多压在两三寸厚的雪褥下面，有些枝条软弱的树，也被压抑得欹②欹倒倒的。路上行人很稀少。道旁野人的屋里，时见有衣着破旧而笨重的老人、童子，在围着火炉取暖。看了那种古朴清贫的情况，仿佛令我暂时忘怀了我们所处时代的纷扰、繁遽了。

---

① 【迩（ěr）】近。
② 【欹（qī）】倾斜，歪。

到了灵隐山门,我们便下车了。一走进去,空气怪清泠的,不但没有游客,往时那些卖念珠、古钱、天竺筷子的小贩子也不见了。石道上铺积着颇深的雪泥。飞来峰疏疏落落地着了许多雪块,清泠亭及其他建筑物的顶面,一例的密盖着纯白色的毡毯。一个拍照的,当我们刚进门时,便紧紧地跟在后面。因为老李的高兴,我们便在清泠亭旁照了两个影。

好奇心打动着我,使我感觉到眼前所看到的之不满足,而更向处境幽深的韬光庵去。我幽悄地尽移着步向前走,老李也不声张地跟着我。从灵隐寺到韬光庵的这条山径,实际上虽不见怎样的长,但颇深曲而饶于风致。这里的雪,要比城中和湖上各处的都大些,在径上的雪块,大约有半尺来厚,两旁树上的积雪,也比来路上所见的浓重。曾来游玩过的人,该不会忘记的吧,这条路上两旁是怎样的繁植着高高的绿竹。这时,竹枝和竹叶上,大都着满了雪,向下低低地垂着。《四时幽赏录》"山窗听雪敲竹"条云:"飞雪有声,惟在竹间最雅。山窗寒夜,时听雪洒竹林,淅沥潇潇,连翩瑟瑟,声韵悠然,逸我清听。忽尔回风交急,折竹一声,使我寒毡增冷。"这种风味,可惜我没有福分消受。

在冬天,本来是游客冷落的时候,何况这样雨雪清冷的日子呢?所以当我们跑到庵里时,别的游人一个都没有——这在我们上山时看山径上的足迹便可以晓得的——而僧人的眼色里,并且也有一种觉得怪异的表示。我们一直跑上最后的观海亭。那里石阶上下都厚厚地堆满了水沫似的雪,亭前的树上,雪着得很重,在雪的下层并结了冰块。旁边有几株山茶花,正在艳开着粉红色的花朵。那花朵有些坠下来的,半掩在雪花里,红白相映,色彩灿然,使我们感到华而不俗,清而不寒。因而联忆起那"天寒翠袖薄,日暮倚修竹"的美人儿来。

登上这亭,在平日是可以近瞰西湖,远望浙江,甚而至于那缥缈的沧海的,可是此刻却不能了。离庵不远的山岭、僧房、竹树,尚勉强可见,稍远则封锁在茫茫的烟雾里了。

空斋蹋壁卧,忽梦溪山好。朝骑秃尾驴,来寻雪中道。石壁引孤松,长空没飞鸟。不见远山横,寒烟起林杪。(《雪中登黄山》)

我倚着亭柱,默默地在咀嚼着渔洋这首五言诗的清妙;尤其是结尾两句,更道破了雪景的三昧。但说不定许多没有经验的人,要妄笑它是无味的词句呢。文艺的真赏鉴,本来是件不容易的事;这又何必咄咄见怪?自己解说了一番,心里也就释然了。

本来拟在僧房里吃素面的,不知为什么,竟跑到山门前的酒楼喝酒了。老李不能多喝,我一个人也就无多兴致干杯了。在那里,我把在山径上带下来的一团冷雪,放进酒杯里混着喝。堂倌①看了说:"这是顶上的冰淇淋呢。"

半因为等不到汽车,半因为想多玩一点雪景,我们决意步行到岳坟才叫划子去游湖。一路上,虽然走的是来时汽车经过的故道,但在徒步观赏中不免觉得更有意味了。我们的革履,踏着一两寸厚的雪泥前进,频频地发出一种清脆的声音。有时路旁树枝上的雪片,忽然掉了下来,着在我们的外套上,正前人所谓"玉坠冰柯,沾衣生湿"的情景。我迟回着我的步履,扩展着我的视域,油然有一派浓重而灵秘的诗情,浮上我的心头来,使我幽然意远,漠然神凝。郑綮对人说他的诗思,在灞桥雪中、驴背上,真是懂得趣儿的说法!

当我们在岳王庙前登舟时,雪又纷纷地下起来了。湖里除我们的一只小划子以外,再看不到别的舟楫。平湖漠漠,一切都沉默无哗。舟穿过西泠桥,缓泛在西湖中,孤山和对面诸山及上下的楼亭、房屋,都白了头,在风雪中兀立着。山径上,望不见一个人影;湖面连水鸟都没有踪迹,只有乱飘的雪花坠下时,微起些涟漪而已。柳宗元诗云:"千山鸟飞绝,万径人踪灭。孤舟蓑笠翁,独钓寒江雪。"我想这时如果有一个渔翁在垂钓,它很可以借来

---

① 【倌(guān)】旧时某些行业中被雇用专做某种活计的人。

说明眼前的景物呢。

　　舟将驶近断桥的时候，雪花飞飘得更其凌乱，我们向北一面的外套，差不多大半白而且湿了。风也似乎吹得格外紧劲些，我的脸不能向它吹来的方面望去。因为革履渗进了雪水的缘故，双足尤冰冷得难忍。这时，本来不多开过口的舟子，忽然问我们道："你们觉得此处比较寒冷么？"我们问他什么缘故，据说是宝石山一带的雪山风吹过来的原因。我于是默默地兴想到智识的范围和它的获得等重大的问题上去了。

　　我们到湖滨登岸时，已是下午三点余钟了。公园中各处都堆满了雪，有些已经变成了泥泞，除了极少数在待生意的舟子和别的苦力，平日朝夕在此间舒舒地来往着的少男少女、老爷太太，此时大都密藏在"销金帐中，低斟浅酌，饮羊羔美酒"——至少也靠在腾着红焰的火炉旁，陪伴家人或挚友，无忧虑地大谈其闲天——以享受着他们幸福的时光，再不愿来这风狂雪乱的水涯，消受贫穷人所惯受的寒冷了。

　　这次的薄游，虽然也给了我些牢骚和别的苦味，但我要用良心做担保地说，它所给予我的心灵深处的欢悦，是无穷深远的！可惜诗笔是钝秃了。否则，我将如何超越了一切古诗人的狂热地歌咏了它呢！

　　好吧，容我在这儿诚心沥情地说一声："谢谢雪的西湖，谢谢西湖的雪！"

思考与练习

一、给下列加点字注音

敧（　）　拂袂（　）　西泠桥（　）　木樨花（　）

繁（　）　灞桥（　）　白布幔（　）　保俶塔（　）

遽（　）　雪雰策寨（　　）　雾淞沆砀（　　）

二、阅读课文，思考问题

    1. 文章题目是"西湖的雪景"，作者为什么从一般游人选择春夏两季游览西湖写起？

    2. 作为一篇游记，作者是怎样处理写景、叙事、抒情的关系的？

    3. 文章第4~7段作者抓住了什么特点来描述雪中的景色？请作简要分析。

三、读读记记

    1. 欲把西湖比西子，淡妆浓抹总相宜。　　　　　　——【中国】宋·苏轼

    2. 山外青山楼外楼，西湖歌舞几时休？暖风熏得游人醉，直把杭州作汴州。

                                                            ——【中国】宋·林升

4 周庄水韵[1]

赵丽宏

•课文导读•

> 这是一篇抒情性很强的游记散文。作者从不同的时间、季节入手,选择不同的景物,分三次描写了周庄水乡给人的印象,让人犹如欣赏了一幅有声有色、韵味十足的动态风景画。烟雨笼罩的周庄给人一种迷离朦胧的美;冰雪融化的周庄让人领略到一种典雅古朴之美;张灯结彩的周庄有一种色彩斑斓之美。充分展现了周庄水乡的多姿多彩、动人心弦的景象,反映了周庄人民的幸福欢乐生活和对外开放意识。
>
> 作者抓住景物的特点进行描写,多种修辞手法的运用使语言更加生动形象,充满诗情画意,和谐地创造了情景交融的境界。文章结构严密,层次井然中见跌宕变化。

一支弯曲的木橹,在水面上一来一回悠然搅动,倒映在水中的石桥、楼屋、树影,还有天上的云彩和飞鸟,都被这不慌不忙的木橹搅碎,碎成斑斓的光点,迷离闪烁,犹如在风中漾动的一匹长长的彩绸,没有人能描绘它朦胧炫目的花纹……

有什么事情比在周庄的小河里泛舟更富有诗意呢?小小的木船,在窄窄的河道中缓缓滑行,拱形的桥孔一个接一个从头顶掠过。贞丰桥,富安桥,

---

[1] 选自《三十年散文观止》(花城出版社2009年版),有改动。赵丽宏(1952—),上海人,作家、诗人,主要作品有《诗魂》《日晷之影》《岛人笔记》等。

双桥……古老的石桥,一座有一座的形状,一座有一座的风格,过一座桥,便换了一道风景。站在桥上的行人低头看河里的船,坐在船上的乘客抬头看着桥上的人,相看两不厌,双方的眼帘中都是动人的景象。

周庄

周庄的河道呈"井"字形,街道和楼宅被河分隔。然而河上有桥,石桥巧妙地将古镇连缀为一体。据说,当年的大户人家,能将船划进家门,大宅后院,还有泊船的池塘。这样的景象,大概只有在威尼斯才能见到。一个外乡人,来到周庄,印象最深的莫过于这里的水,以及一切和水连在一起的景物。

我曾经三次到周庄,两次是在春天,一次是在冬天。每一次都坐船游镇,然而每一次留下的印象都不一样。第一次到周庄,正是仲春,那一天下着小雨,古镇被飘动的雨雾笼罩着,石桥和屋脊都隐约出没在飘忽的雨雾中,那天打着伞坐船游览,看到的是一幅画在宣纸上的水墨画。

第二次到周庄是冬天,刚刚下过一夜小雪,积雪还没有来得及将古镇覆盖,阳光已经穿破云层抚摸大地。在耀眼的阳光下,古镇上到处可以看到斑斑积雪,在路边,在屋脊,在树梢,在河边的石阶上,一摊摊积雪反射着阳光,一片晶莹斑斓，令人目眩。古老的砖石和清新的白雪参差交织，黑白分明，像是一幅色彩对比强烈的版画。在阳光下，积雪正在融化，到处可以听见滴水和流水的声音，小街的屋檐下在滴水，石拱桥的栏杆和桥洞在淌水，小河的石河沿上，往下流淌的雪仿佛正从石缝中渗出来。细细谛听，水声重重叠叠，如诉如泣，仿佛神秘幽远的江南丝竹，裹着万般柔情，从地下袅袅回旋上升。这样的声音，用人类的乐器永远也无法模仿。

最近一次去周庄也是春天，然而是在晚上。那是一个温暖的春夜，周庄正举办旅游节，古镇把这天当成一个盛大节日。

古老的楼房和曲折的小街缀满了闪烁的彩灯，灯光倒映在河中，使小河变成一条色彩斑斓的光带。坐船夜游，感觉似进入梦境。船娘是一位三十岁的农妇，以娴熟的动作，轻松地摇着橹，小船在平静的河面慢慢滑行，我们的身后，船的轨迹和橹的划痕留在水面上，变成一片漾动的光斑，水中倒影变得模糊朦胧，难以捉摸。小船经过一座拱桥时，前方传来一阵音乐，水面也突然变得晶莹剔透，仿佛是有晃荡的荧光从水下射出。船摇过桥洞，才发现从旁边交叉的水道中划过来一条张灯结彩的花船，船舱里，有几个当地农民在摆弄丝弦。还没有等我来得及细看，那花船已经转了个弯，消失在后面的桥洞里，只留下丝竹管弦声，在被木船搅得起伏不平的河面上飘绕不绝……我们的小船划到了古镇的尽头，灯光暗淡了，小河也恢复了它本来的面目，平静的水面上闪烁着点点星光。从河里抬头看，只见屋脊参差，深蓝色的天幕上勾勒出它们曲折多变的黑色剪影。突然，一串串晶莹的光点从黑黝黝的屋脊上飞起来，像一群冲天而起的萤火虫，在黑暗中划出一道道暗红的光线。随着一声声清脆的爆炸声，小小的光点变成满天盛开的缤纷礼花，天空和大地都被这满天焰火照得一片通明。已经隐匿在夜色中的古镇，在七彩的焰火照耀下面目一新，瞬息万变，原本墨一般漆黑的屋脊，此时如同被彩霞拂照的群山，凝重的墨线变成了活泼流动的彩光。最奇妙的，当然是我身畔的河水，天上的辉煌和璀璨，全都落到了水里，平静幽深的河水，顿时变成了一条摇曳生辉、七彩斑斓的光带。随焰火忽明忽暗的河畔楼屋倒映在水里，像从河底泛起的一张张仰望天空的脸，我来不及看清楚他们的表情，他们便在水中消失；当新的一轮焰火在空中盛开时，他们又从遥远的水下泛起，只是又换了另一种表情。这时，从古镇的四面八方传来惊喜的欢呼，天上的美景稍纵即逝，地上的惊喜却在蔓延……

我很难忘记这个奇妙的夜晚，这是一个梦幻一般的夜晚，周庄在宁静的夜色中变得像神奇的童话，古镇幽远的历史和缤纷的现实，都荡漾在被竹篙和木橹搅动的水波之中。

思考与练习

一、给下列加点字注音

木橹（　　）　竹篙（　　）　丝弦（　　）　仲春（　　）　连缀（　　）

剔透（　　）　摇曳（　　）　勾勒（　　）　谛听（　　）　隐匿（　　）

斑斓（　　）　参差（　　）

二、开篇第一句从"木橹"写起，有什么妙处？

三、课文写第三次游周庄描绘了哪些景物？是按照什么顺序来写的？这样的描写与作者所要表达的情感有何联系？

四、读读记记

1. 山锐则不高，水狭则不深。

——【中国】汉·刘向

2. 求木之长者，必固其根本；欲流之远者，必浚其泉源。

——【中国】唐·魏征

5　沙田山居①

余光中

· 课文导读 ·

　　本文是一篇写景抒情散文，想象力丰富，情感蕴藉深沉，风格古朴隽永。作者以优美的语言描绘了沙田山居周围的群山海水变幻莫测的景色，将现实的自然景物融入诗一般的境界，具有强烈的艺术感染力。景中含情，情蕴景中，含蓄地表现了作者浓浓的思乡情怀和对祖国统一的渴盼之情。

　　作者运用了大量的比喻、拟人等修辞手法，使用叠音词，长短句交迭，化用古典诗词，使语言富有古典美，学习时，应注意其通过形象的比喻、和缓的语气、押韵的声调、传神的文字来表达含蓄的思念祖国家乡的情感。

　　书斋外面是阳台，阳台外面是海，是山，海是碧湛湛的一弯，山是青郁郁的连环。山外有山，最远的翠微淡成一袭青烟，忽焉似有，再顾若无，那便是，大陆的莽莽苍苍了。日月闲闲，有的是时间与空间。一览不尽的青山绿水，马远夏圭②的长幅横披，任风吹，任鹰飞，任渺渺之目舒展来回，而我在其中俯仰天地，呼吸晨昏，竟已有十八个月了。十八个月，也就是说，重九的陶菊已经两开，中秋的苏月已经圆过两次了。

---

① 选自《海天·岁月·人生》（中国文联出版公司1986年版）。沙田，香港地名。余光中（1928—2017），祖籍福建永春，生于江苏南京，台湾著名作家、诗人、学者、翻译家，主要作品有《白玉苦瓜》《记忆像铁轨一样长》《分水岭上》等。

② 【马远夏圭（guī）】两人都是南宋画家，以画山水见长。

海天相对，中间是山，即使是秋晴的日子，透明的蓝光里，也还有一层轻轻的海气，疑幻疑真，像开着一面玄奥的迷镜，照镜的不是人，是神。海与山绸缪①在一起，分不出，是海侵入了山间，还是山诱俘了海水，只见海把山围成了一角角的半岛，山呢，把海围成了一汪汪的海湾。山色如环，困不住浩渺的南海，毕竟在东北方缺了一口，放樯桅出去，风帆进来。最是晴艳的下午，八仙岭下，一艘白色渡轮，迎着酣美的斜阳悠悠向大埔驶去，整个吐露港平铺着千顷的碧蓝，就为了反衬那一影耀眼的洁白。起风的日子，海吹成了千亩蓝田，无数的百合此开彼落。到了夜深，所有的山影黑沉沉都睡去，远远近近、零零落落的灯全睡去，只留下一阵阵的潮声起伏，永恒的鼾息，撼人的节奏撼我的心血来潮。有时十几盏渔火赫然，浮现在阒②黑的海面，排成一弯弧形，把渔网愈收愈小，围成一丛灿灿的金莲。

　　海围着山，山围着我。沙田山居，峰回路转。我的朝朝暮暮，日起日落，月望月朔，全在此中度过，我成了山人。问余何事栖碧山，笑而不答，山已经代我答了。其实山并未回答，是鸟代山答了，是虫，是松风代山答了。山是禅机深藏的高僧，轻易不开口的。人在楼上倚栏杆，山列坐在四面如十八尊罗汉叠罗汉；相看两不厌。早晨，我攀上佛头去看日出、黄昏，从联合书院的文学院一路走回来，家，在半山腰上等我，那地势，比佛肩要低，却比佛肚子要高些。这时，山什么也不说，只是争噪的鸟雀泄漏了他愉悦的心境。等到众鸟栖定，山影茫然，天籁便低沉下去，若断若续，树间的歌者才歇一下，草间的吟哦又四起。至于山坳下面那小小的幽谷，形式和地位都相当于佛的肚脐，深凹之中别有一番谐趣。山谷是一个爱音乐的村女，最喜欢学舌拟声，可惜太害羞，技巧不很高明。无论是鸟鸣犬吠，或是火车在谷口扬笛路过，

---

① 【绸缪（móu）】缠绵。
② 【阒（qù）】形容没有声音。

她也要学叫一声，落后半拍，应人的尾音。

　　从我的楼上望去，马鞍山奇拔而峻峭，屏于东方，使朝暾①姗姗其来迟。鹿山巍然而逼近，魁梧的肩膂②遮去了半壁西天，催黄昏早半个小时来临，一个分神，夕阳便落进他的僧袖里去了。一炉晚霞，黄铜烧成赤金又化作紫灰与青烟，壮哉崦嵫③的神话，太阳的葬礼。阳台上，坐看晚景变幻成夜色，似乎很缓慢，又似乎非常敏捷，才觉霞光烘颊，余曛④在树，忽然变生咫尺，眈眈⑤的黑影已伸及你的肘腋⑥，夜，早从你背后袭来。那过程，是一种绝妙的障眼法，非眼睫所能守望的。等到夜色四合，黑暗已成定局，四周的山影，重甸甸阴森森的，令人肃然而恐。尤其是西屏的鹿山，白天还如佛如僧，蔼然可亲，这时竟收起法相，庞然而踞，黑毛茸蒙如一尊暗中伺人的怪兽，隐然，有一种潜伏的不安。

　　千山磅礴的来势如压，谁敢相撼？但是云烟一起，庄重的山态便改了。雾来的日子，山变成一座座的列屿，在白烟的横波回澜里，载浮载沉。八仙岭果真化作了过海的八仙，时在波上，时在弥漫的云间。有一天早晨，举目一望，八仙和马鞍和远远近近的大小众峰，全不见了，偶尔云开一线，当头的鹿山似从天隙中隐隐相窥，去大埔的车辆出没在半空。我的阳台脱离了一切，下临无地，在汹涌的白涛上自由来去。谷中的鸡犬从云下传来，从辽远的人间。我走去更高处的联合书院上课，满地白云，师生衣袂飘然，都成了神仙。我登上讲坛说道，烟云都穿窗探首来旁听。

---

① 【暾（tūn）】光明。
② 【肩膂（lǚ）】山脊。膂，背椎骨。
③ 【崦嵫（yān zī）】山名，在甘肃天水西面。古代指太阳落山的地方。
④ 【余曛（xūn）】日落时的余光。
⑤ 【眈眈（dān）】形容眼睛注视。
⑥ 【肘腋（zhǒu yè）】胳膊肘和胳肢窝，比喻极近的地方（多用于祸患的发生）。

起风的日子，一切云云雾雾的朦胧氤氲^①全被拭净，水光山色，纤毫悉在镜里。原来对岸的八仙岭下，历历可数，有这许多山村野店，水浒人家。半岛的天气一日数变，风骤然而来，从海口长驱直入，脚下的山谷顿成风箱，抽不尽满壑的咆哮翻腾。蹂躏着罗汉松与芦草，掀翻海水，吐着白浪，风是一群透明的猛兽，奔踹而来，呼啸而去。

海潮与风声，即使撼天震地，也不过为无边的静加注荒情与野趣罢了。最令人心动而神往的，却是人为的骚音。从清早到午夜，一天四十多班，在山和海之间，敲轨而来，鸣笛而去的，是九广铁路的客车、货车、猪车。曳着黑烟的飘发，蟠蜿^②着十三节车厢的修长之躯，这些工业时代的元老级交通工具，仍有旧世界迷人的情调，非协和的超音速飞机所能比拟。山下的铁轨向北延伸，延伸着我的心弦。我的中枢神经，一日四十多次，任南下又北上的千只铁轮轮番敲打，用钢铁火花的壮烈节奏，提醒我，藏在谷底的并不是洞里桃源，住在山上，我亦非桓景，即使王粲^③，也不能不下楼去：

栏杆三面压人眉睫是青山

碧螺黛迤逦^④的边愁欲连环

叠嶂之后是重峦，一层淡似一层

湘云之后是楚烟，山长水远

五千载与八万万，全在那里面……

---

① 【氤氲（yīn yūn）】形容烟或云气浓郁。
② 【蟠蜿（pán wān）】盘曲貌。
③ 【王粲】三国时文学家。曾写《登楼赋》，寄托思念故乡、怀才不遇的感情。
④ 【迤逦（yǐ lǐ）】曲折连绵。

思考与练习

一、为下列加点字注音

绸缪（   ）　酣美（   ）　桓（   ）　磅礴（   ）

山坳（   ）　鼾息（   ）　擎（   ）　蹂躏（   ）

吟哦（   ）　列屿（   ）　踹（   ）　枢（   ）

二、仔细观察下面句子，把有错别字的一项选出来（   ）

　　A. 山外有山，最远的翠微淡成一袅青烟，忽焉似有，再顾若无，那便是，大陆的莽莽苍苍了。

　　B. 只留下一阵阵的潮声起伏，永恒的鼾息，撼人的节奏撼我的心血来潮。

　　C. 雾来的日子，山变成一座座的列屿，在白烟的横波回澜里，载浮载沉。

　　D. 蹂躏着罗汉松与芦草，掀翻海水，吐着白浪，风是一群透明的野兽，奔揣而来，呼啸而去。

三、阅读课文，思考问题

1. 从结构上看，文章可以分成三部分，该如何划分？各部分主要讲了什么内容？

2. 文章开头与结尾是如何遥相呼应，凸显了"乡愁"的主题？

3. 本文写景的语言非常优美，作者运用了哪些手段来锤炼语言？

4. 这篇散文如何体现"形散神聚"的特点的？

四、下面三句话运用了什么修辞手法？请具体说明其表达效果

（1）海与山绸缪在一起，分不出，是海侵入了山间，还是山诱俘了海水，只见海把山围成了一角角的半岛，山呢，把海围成了一汪汪的海湾。

（2）起风的日子，海吹成了千亩蓝田，无数的百合此开彼落。

（3）有时十几盏渔火赫然，浮现在阒黑的海面，排成一弯弧形，把渔网愈收愈小，围成一丛灿灿的金莲。

五、读读记记

    1.仍怜故乡水，万里送行舟。　　　　　　　——【中国】唐·李白
    2.故乡今夜思千里，霜鬓明朝又一年。　　　——【中国】唐·高适

口语交际训练：演讲

演讲又称演说或讲演，指在公共场所，以有声语言为主要手段，以体态语为辅助手段针对某个问题，鲜明、完整地发表自己的见解和主张，阐明事理或抒发情感，进行宣传鼓动的一种语言交际活动。好的演讲能激发听众情绪、赢得听众的好感，要做到这一点，需要演讲者做到内容丰富、思想深刻、见解精辟，有独到之处，发人深省，语言表达生动形象，富有感染力。

一、演讲的构成

演讲一般分为三个部分：开头、主体和结尾。

（一）演讲的开头

如果我们把演讲比作百米赛跑，那么开头就是起跑。精心设计一个引人入胜的开场白具有特别重要的意义，往往直接影响演讲的进程和效果。

演讲开头的方式很多，常见的有：

1. 悬念式开头

演讲一开始设置悬念，可以很快地激发听众的兴趣，使听众进入"迫切期待"的情境之中。如下面这段演讲的开头：

在近百年前，伦敦出版了一本被公认为不朽的小说杰作，当时很多人都认为它为"全球最伟大的一本小说"。这本书出版的第一天，便销售了一千册，两个星期共销出一万五千册，以后又不知再版了多少次，而且世界各国都有了它的译本。大银行家摩根以高价买到了这部书的原稿，现在这本书的原稿收藏在纽约市的美术馆中。到底这部世界名著是什么呢？就是狄更斯写的《圣诞节欢歌》……

这篇演讲的开头采用悬念式开场白，引起了听众的注意，并且渐渐引发听众的兴趣，使听众的心情犹如悬在半空中，急于想听下文。

2. 即兴式开头

这种方式是在开头就地取材，临场发挥，可以讲当场的情景、当日的天气，可以谈谈自己的感受，可以接过上一位发言者的话继续发表自己的看法。

3. 直入式开头

这种演讲方式，就是我们说的开门见山。演讲一开始就直截了当地进入正题，或叙述演讲的题目，或叙述演讲的缘由，或讲述具体的事实，或提出某位名人曾提出的问题，或出题要求听众作答，等等，这些都是以直入的方式来进行的演讲。如一篇题为《战士的爱》的演讲稿是这样开头的：

听到这个题目，在座的许多同志也许会联想到爱情。是的，爱情是神圣的，也是美好的。可是我今天所要讲的，却是一种更高意义上的，具有更强生命力的爱，这，就是战士的爱！

这个开头简洁明快，使听众很快理解了他要赞赏的是战士献给祖国、献给人民的爱；是战士燃烧在硝烟弥漫的战场上，倾洒在蜿蜒崎岖的边防线上的爱。

演讲不管如何开头，一定要抓住听众的注意力，打开局面，切不可故弄玄虚，或者东拉西扯，不着边际。人们常说，好的开头是成功的一半，因此演讲者一定要把这个"头"开好。

（二）演讲的主体

主体是演讲主要展开的部分。一般说来，对主体部分的基本要求是主题鲜明、结构灵活、高潮迭起。

1. 主题鲜明

主题是演讲的灵魂。在一篇演讲稿中，只能有一个主题，不能搞多中心。主体部分必须围绕这一主题来铺陈展开，使听众得到一个明确而深刻的印象。

2. 结构灵活

演讲是一种口头表达，它在结构上不能过于死板，应有一定的灵活性。材料的安排应考虑内在情感的节奏，即通过由浅入深的论述，层层推进听众的情感。也可以将典型的事例作为主要内容详讲，一般性材料为辅略讲，详略相间，造成情感上的张弛回旋，给听众以生动、新鲜的感觉。

3. 高潮迭起

应该在演讲的开头或结尾之前，适当设置一两次高潮，着意筑起突兀的奇峰。如用巧妙的修辞、精辟的论述、强有力的逻辑推理、充满激情的语言或幽默的语言，说出最精辟最感人的要点。

（三）演讲的结尾

俗话说："编筐编篓，全在收口。"对演讲来说也是如此。演讲的结尾有多种方式，但都要注意以下三点：

其一，能揭示主题，"卒章显其志"。演讲者在演讲的结尾，应当总结全篇，突出重点，深化主题，以达到最佳效果。这样不仅能帮助听众回忆前面讲过的内容，也会起到画龙点睛的作用。

其二，要鼓起激情，促进行动。演讲者不仅要以精彩的演讲内容去打动听众，更要以炽热的情感去感染听众。在结尾时，演讲者要调动适当的手段把听众的情绪推向顶峰，激励他们树立起信念并付诸行动，体现出演讲的鼓动性。

其三，要言简意赅，耐人寻味。听众最讨厌那种重复、拖沓、松散的结尾，也不喜欢那种人云亦云客套式的结束语。结尾应隽永而深刻、含蓄而深沉，令人感奋向前。

二、演讲的技巧

演讲，是一项具有一定艺术性的社会实践活动，在以讲为主、以演为辅的演讲中，要做到吸引听众、打动听众，还需要注意一下技巧。

（一）演讲的态势语

演讲的态势语，指演讲者通过面部表情和姿态动作表达的语言信息。

"言辞接于耳，态势接于目，二者分力为之，然后才能臻于演讲的成功"。可见，态势语在演讲中是十分重要的。态势语包括手势、眼神和站立的姿势。

手势是演讲者借手指、手掌和手臂的动作以表达思想感情的一种态势语。在演讲中恰当地运用手势，可以加强语言的感染力和说服力。

眼神在演讲中能辅助演讲者传情达意。演讲者的视线应当统摄全场、兼顾全场，同时用各种眼神来配合语言传递一定的信息。

演讲者的身躯要直立，收腹挺胸、摆平双肩、拉直双腿，给人一种端庄大方、朝气蓬勃的感觉。

（二）临场控制的技巧

演讲是面对听众的活动，演讲者必须加强自己的交际能力和心理自控能力。

可以从三个方面去努力：

（1）要充分准备。美国著名的演讲专家卡耐基说："准备得十分充分的一篇演讲，等于成功了十分之九。"

（2）要充满自信。演讲者必须充分相信自己，对自己充满信心，当然，这份信心是建立在充分准备的基础上的。

（3）要战胜自我。演讲时难免出现紧张、恐惧的心理，克服这种心理的最好办法就是把注意力集中到演讲的内容上去，想着怎样去吸引听众、鼓动听众。

除此之外，还要勤于练习。卡耐基在他的《雄辩有术》一书中说："发展演说的第一个方法，也是最末的方法，而且是永不会失败的方法只有一个，就是第一要练习，第二仍是要练习，第三还是要练习。"因此，要想克服演讲紧张、恐惧的心理，就必须多多实践，在实践中战胜自我。

演讲时要努力做到：

（1）对观众的心理反应要敏感，并运用适当的语气和体态来缩小与听众的心理距离，增强演讲的感染力。

（2）演讲内容要充实、新颖，逻辑结构要清晰、连贯，以理服人，以情动人，使听众产生共鸣。

（3）声音要洪亮，吐字要清晰，感情要充沛，张弛有度，表达流畅而抑扬顿挫。

（4）要根据演讲的内容、对象、场合选择恰当的技巧。比如演讲者可以用不同的引入语巧妙入题；或讲故事引发听众思考；或制造悬念，扣住听众的情绪，使演讲成为与听众的情感交流和心灵对话。

【案例】

难道我不是个女人？[①]

演讲时间：1851年

演讲人：索杰纳·特鲁斯（伊莎贝拉·鲍姆弗里）

伊莎贝拉·鲍姆弗里出生在奴隶制度之下的纽约州，是一位废奴主义者和女权运动家，1843年更名为索杰纳·特鲁斯。她结识了亚伯拉罕·林肯，并帮助他为北军招募黑人新兵，一生都在为自由四处奔波演讲。下面是她1851年在俄亥俄州阿克伦城召开的俄亥俄州妇女权益大会上所做的演讲。

孩子们，喧闹的地方必有宁静。南方的黑人和北方的女人都在要求权利，我想白人男人们很快就会寝食难安了。但是，光是嘴上说说有什么用？那些男人说要扶女人上马车，背女人过沟，不论走到哪儿，最好的位置都要留给女人。可却从来没人扶我上过马车，背我过过泥水坑，给我留过什么好位置！

[①] 选自《别让自己看上去像白活一世》（黄山书社2016年版）。

难道我不是个女人？看看我！看看我的手臂！我耕田种地收庄稼，什么活儿都干过，没有哪个男人干得过我！难道我不是个女人？男人的活儿有多重我的活儿就有多重，男人吃得下多少我就能吃多少——我是说如果我能弄到食物的话——我还跟男人一样能承受鞭打！难道我不是个女人？我生过十三个孩子，眼睁睁看着他们大多数被卖给别人做了奴隶，失子之痛让我悲伤哭泣，可是除了耶稣，没有任何人听得见！难道我不是个女人？他们还说什么要保持，那词儿怎么说来着？（一位听众低声说"理智"）对了，就是它，亲爱的。理智对女人和黑人的权利有什么用？我的杯里只有半杯，你的杯子却满满的，是不是我就该理智地满足于这半杯？那边有个穿黑衣服的小个子男人，他说女人不应该拥有跟男人一样多的权利，因为基督不是女人！那么我请问，你的基督是从哪儿来的？你的基督是怎么生出来的？是上帝，让一个女人生出来的！男人跟他没有一毛钱关系。如果说上帝造的第一个女人够强壮，能把世界翻个个儿，那么，女人们同心协力，就能把被颠倒的世界再翻回来！现在，她们要做的正是这样的事，男人最好让她们做去。谢谢大家听我演讲，老索杰纳的话完了。

练一练

生活中，我们被爱包围着，父母的呵护、朋友的关心、老师的关怀……这一切都是爱。然而，这些爱又常常被我们忽视。在生活中我们要有一颗感恩的心，这样，才能感受更多的爱、体会更深的爱。请以"学会感恩"为话题，组织一次演讲比赛。

第二单元

感悟亲情

单元导语

  古往今来，亲情曾被多少名家讴歌，又被多少常人惦念。在亲情中，父母对子女的感情是人世间最真诚、最无私、最深厚的。子女的每一个足迹，哪一个不印记着父母的深深爱意；子女的一步步成长，哪一步不浸透着父母的殷殷心血？可为人子女的我们，感受到了这份亲情了吗？本单元我们一起感受亲情的伟大。

  本单元围绕"感悟亲情"所选的5篇文章，或表现伟大无私的父母之爱，或表现温馨缠绵难以割舍的母子情、叔侄情……无论哪一篇都让我们深深感动。史铁生的《合欢树》，用朴实无华的语言，谱写了一曲感人至深的母爱之歌，款款文字无不渗透着对母亲无尽的思念和深情，点点滴滴都敲击着读者的心灵。毕淑敏《爱的回音壁》分析了作为独生子女的孩子们不懂爱的现状及后果，指出其重要的原因是父母不会爱。她提醒人们要怎样做才能让孩子感知到爱。一句话：让孩子知道他被人需要，因为爱是一种方法、一种品质、一种能力。《父亲越来越小》从独特的视角，表达了对父亲深深的爱与理解。川端康成的《父母的心》叙写了一对夫妻几次将孩子送走又要回，最终宁守贫穷全家也要在一起的故事。故事虽简单，但情节曲折，催人泪下。《祭十二郎文》运用了与亲人对面交谈以叙家常、吐心曲的方法，感情真挚、语言自然质朴，读者能切身感受到作者的悲痛之情。

  本单元应用写作为启事与通知，通过介绍启事与通知的种类、特点、写作要求等，培养学生的应用写作能力。

6 合欢树[1]

史铁生

· 课文导读 ·

文章以平淡的语气陈述了昔日往事，字里行间透露出对母亲的深深怀念，难以掩饰的愧疚之情跃然纸上。在日常的生活中，有笑但对母亲来说更多的是泪；有欢乐但对母亲来说更多的是痛苦。为了治好儿子的腿，母亲四处奔波、费尽心思；为了儿子的志向，她无怨无悔，耗尽了余生。儿子"迷途知返"有所成就时，母亲却已在另一个世界，留下了儿子绵绵的思念——合欢树可以作证。深切的母爱娓娓道来，仿佛和读者在聊天，但内心深切隽永的真情蕴含于字里行间，值得我们细细体味。

学习时应重点体验并感悟文中表现出来的母子情深，把握本文朴实的文风中蕴藏着的深厚情感，以及文章所运用的象征手法，理解合欢树所包含的情感和所具有的象征意义。

十岁那年，我在一次作文比赛中得了第一。母亲那时候还年轻，急着跟我说她自己，说她小时候的作文作得还要好，老师甚至不相信那么好的文章会是她写的。"老师找到家来问，是不是家里的大人帮了忙。我那时可能还不到十岁呢。"我听得扫兴，故意笑："可能？什么叫可能还不到？"她就解释。

---

[1] 选自《自由的夜行》（百花洲文艺出版社2016年版）。史铁生（1951—2010），北京人，当代作家。1969年去延安一带插队，因双腿瘫痪于1972年回到北京。后又患肾病发展到尿毒症，靠透析维持生命。2010年因突发脑溢血逝世。主要作品有《我与地坛》《病隙碎笔》《务虚笔记》等。

我装作根本不再注意她的话，对着墙打乒乓球，把她气得够呛。不过我承认她聪明，承认她是世界上长得最好看的女的。她正给自己做一条蓝地白花的裙子。

二十岁，我的两条腿残废了。除去给人家画彩蛋，我想我还应该再干点别的事，先后改变了几次主意，最后想学写作。母亲那时已不年轻，为了我的腿，她头上开始有了白发。医院已经明确表示，我的病目前没办法治。母亲的全副心思却还放在给我治病上，到处找大夫，打听偏方，花很多钱。她倒总能找来稀奇古怪的药，让我吃，让我喝，或者是洗、敷、熏、灸。"别浪费时间啦！根本没用！"我说。我一心只想着写小说，仿佛那东西能把残疾人救出困境。"再试一回，不试你怎么知道会没用？"她说，每一回都虔诚地抱着希望。然而对我的腿，有多少回希望就有多少回失望。最后一回，我的胯上被熏成烫伤。医院的大夫说，这实在太悬了，对于瘫痪病人，这差不多是要命的事。我倒没太害怕，心想死了也好，死了倒痛快。母亲惊惶了几个月，昼夜守着我，一换药就说："怎么会烫了呢？我还直留神呀！"幸亏伤口好起来，不然她非疯了不可。

后来她发现我在写小说。她跟我说："那就好好写吧。"我听出来，她对治好我的腿也终于绝望。"我年轻的时候也最喜欢文学。"她说。"跟你现在差不多大的时候，我也想过搞写作。"她说。"你小时候的作文不是得过第一？"她提醒我说。我们俩都尽力把我的腿忘掉。她到处去给我借书，顶着雨或冒了雪推我去看电影，像过去给我找大夫、打听偏方那样，抱了希望。

三十岁时，我的第一篇小说发表了，母亲却已不在人世。过了几年，我的另一篇小说又侥幸获奖，母亲已经离开我整整七年。

获奖之后，登门采访的记者就多。大家都好心好意，认为我不容易。但是我只准备了一套话，说来说去就觉得心烦。我摇着车躲出去，坐在小公园安静的树林里，想：上帝为什么早早地召母亲回去呢？很久很久，迷迷糊糊的，我听见回答:"她心里太苦了。上帝看她受不住了,就召她回去。"我的心得到一点安慰,睁开眼睛,看见风正从树林里穿过。

我摇车离开那儿,在街上瞎逛,不想回家。

母亲去世后,我们搬了家。我很少再到母亲住过的那个小院儿去。小院儿在一个大院儿的尽里头。我偶尔摇车到大院儿去坐坐,但不愿意去那个小院儿,推说手摇车进去不方便。院儿里的老太太们还都把我当儿孙看,尤其想到我又没了母亲,但都不说,光扯些闲话,怪我不常去。我坐在院子当中,喝东家的茶,吃西家的瓜。有一年,人们终于又提到母亲:"到小院儿去看看吧,你妈种的那棵合欢树今年开花了!"我心里一阵抖,还是推说手摇车进出太不易。大伙就不再说,忙扯些别的,说起我们原来住的房子里现在住了小两口,女的刚生了个儿子,孩子不哭不闹,光是瞪着眼睛看窗户上的树影儿。

合欢树

我没料到那棵树还活着。那年,母亲到劳动局去给我找工作,回来时在路边挖了一棵刚出土的"含羞草",以为是含羞草,种在花盆里,竟是一棵合欢树。母亲从来喜欢那些东西，但当时心思全在别处。第二年合欢树没有发芽，母亲叹息了一回，还不舍得扔掉，依然让它长在瓦盆里。第三年，合欢树却又长出叶子，而且茂盛了。母亲高兴了很多天，以为那是个好兆头，常去侍弄它，不敢再大意。又过一年，她把合欢树移出盆，栽在窗前的地里，有时念叨，不知道这种树几年才开花。再过一年，我们搬了家，悲痛弄得我们都把那棵小树忘记了。

与其在街上瞎逛，我想，不如就去看看那棵树吧。我也想再看看母亲住过的那间房。我老记着，那儿还有个刚来到世上的孩子，不哭不闹，瞪着眼睛看树影儿。是那棵合欢树的影子吗？小院儿里只有那棵树。

院儿里的老太太们还是那么欢迎我，东屋倒茶，西屋点烟，送到我跟前。大伙都不知道我获奖的事，也许知道，但不觉得那很重要；还是都问我的腿，问我是否有了正式工作。这回，想摇车进小院儿真是不能了。家家门前的小厨房都扩大，过道窄到一个人推自行车进出也要侧身。我问起那棵合欢树。大伙说，年年都开花，长到房高了。这么说，我再也看不见它了。我要是求人背我去看，倒也不是不行。我挺后悔前两年没有自己摇车进去看看。

我摇着车在街上慢慢走，不急着回家。人有时候只想独自静静地待一会儿。悲伤也成享受。

有一天那个孩子长大了，会想起童年的事，会想起那些晃动的树影儿，会想起他自己的妈妈，他会跑去看看那棵树。但他不会知道那棵树是谁种的，是怎么种的。

思考与练习

一、下列对课文的理解，不正确的两项是（　　　）

　　A. 儿子作文比赛得了第一，母亲却说她小时候作文写得还要好，她这样说是为了激励孩子成为作家。

　　B. 母亲本来喜欢花木，"但当时心思全在别处"，这"别处"指的是为儿子治病和找工作。

　　C. 母亲以为合欢树第三年的复生"是个好兆头"，作者写这一点是暗示母亲因为操心儿子的病以致有点迷信了。

　　D. 在质朴的老街坊眼中，生活、健康与工作显然比文章、比获奖更重要。

　　E. "悲伤也成享受"，是说人在独自静静地怀念逝去的亲人时，即使悲伤，也会有某种温馨的感觉。

二、阅读课文，思考下列问题

　　1. 本文一开头就写了"我"小时候与母亲的一场小冲突，你认为这样写有什么特别的作用？

　　2. 作者在文章中三次提到自己的年龄，你认为他在二十岁以后和三十岁以后对母爱各有怎样的体会？

　　3. 文章在对那个看树影儿的孩子的拟想中结束，作者这样写想要表现什么？这种写法的特点和效果是什么？

三、读读记记

　　1. 慈母的胳膊是慈爱构成的，孩子睡在里面怎能不甜？　　——【法国】雨果

　　2. 世界上的一切光荣和骄傲，都来自母亲。　　——【苏联】高尔基

7 爱的回音壁①

毕淑敏

·课文导读·

普天之下,父母对孩子的爱无穷无尽,包容一切。在中国,有段时期,因为孩子少(独生子女),家长对孩子的爱几乎无微不至,有的父母对孩子的爱已经达到了溺爱的程度,以至于孩子对于爱产生曲解、误解,达不到"爱"的效果,不利于孩子的正常成长。

本文由四个部分构成,第一部分写孩子们不懂得爱的现状与后果。第二部分分析了孩子不懂得爱的原因。第三部分告诉读者怎样才能让孩子感知到爱。第四部分总结出爱是一种方法、一种品质、一种能力。文章告诉人们,父母不仅要会爱,更重要的职责是培养孩子拥有爱的能力,这才是家庭教育的重要内容。

阅读时要认真加以体会,学习爱、学会爱。

现今中年以下的夫妻,几乎都是一个孩子,关爱之心,大概达到中国有史以来的最高值。家的感情像个苹果,姐妹兄弟多了,就会分成好几瓣。若是千亩一苗,孩子在父母的乾坤里,便独步天下了。

在前所未有的爱意中浸泡的孩子,是否物有所值,感到莫大的幸福?我好奇地问过。孩子们撇嘴说,不,没觉着谁爱我们。

---

① 选自《名人新作》(大众文艺出版社1999年版)。毕淑敏(1952—),出生于新疆伊宁,作家、心理医生,主要作品有《红处方》《血玲珑》《昆仑殇》等。

我大惊，循循善诱道，你看，妈妈工作那么忙，还要给你洗衣做饭，爸爸在外面挣钱养家，多不容易！他们多么爱你们啊……

孩子很漠然地说，那算什么呀！谁让他们当爸爸妈妈呢？也不能白当啊，他们应该的。我以后做了爸爸妈妈也会这样。这难道就是爱吗？爱也太平常了！

我震住了。一个不懂得爱的孩子，就像不会呼吸的鱼，出了家庭的水箱，在干燥的社会上，他不爱人，也不自爱，必将焦渴而死。

可是，你怎样让由你一手哺育长大的孩子，懂得什么是爱呢？从他的眼睛接受第一缕光线时，已被无微不至的呵护包绕，早已对关照体贴熟视无睹。生物学上有一条规律，当某种物质过于浓烈时，感觉迅速迟钝麻痹。

如果把爱定位于关怀，随着孩子年龄的增长，对他的看顾渐次减少，孩子就会抱怨爱的衰减。"爱就是照料"这个简陋的命题，把许多成人和孩子一同领入误区。

寒霜陡降也能使人感悟幸福，比如父母离异或是早逝。但它是灾变的副产品，带着天力人力难违的僵冷。孩子虽然在追忆中，明白了什么是被爱，那却是一间正常人家不愿走进的课堂。

孩子降生人间，原应一手承接爱的乳汁，一手播洒爱的甘霖，爱是一本收支平衡的账簿。可惜从一开始，成人就间不容发地倾注了所有爱的储备，劈头盖脑砸下，把孩子的一只手塞得太满。全是收入，没有支出，爱沉淀着，淤积着，从神奇化为腐朽，反让孩子成了无法感知爱意的精神残疾。

我又问一群孩子，那你们什么时候感到别人是爱你的呢？

没指望得到像样的回答。一个成人都争执不休的问题，孩子能懂多少？比如你问一位热恋中的女人，何时感受被男友所爱？回答一定光怪陆离。

没想到孩子的答案晴朗坚定。

我帮妈妈买醋来着。她看我没打了瓶子，也没洒了醋，就说，闺女能帮妈干活了……我特高兴,从那会儿,我知道她是爱我的。翘翘辫女孩说。

我爸下班回来,我给他倒了一杯水,因为我们刚在幼儿园里学了一首歌,词里说的是给妈妈倒水,可我妈还没回来呢,我就先给我爸倒了。我爸只说了一句,好儿子……就流泪了。从那次起,我知道他是爱我的。光头小男孩说。

我给我奶奶耳朵上夹了一朵花,要是别人,她才不让呢,马上就得揪下来。可我插的,她一直带着,见着人就说,看,这是我孙子打扮我呢……我知道她最爱我了……另一个女孩说。

我大大地惊异了。讶然这些事的碎小和孩子铁的逻辑。更感动他们谈论时的郑重神气和结论的斩钉截铁。爱与被爱高度简化了,统一了。孩子在被他人需要时,感到了一个幼小生命的意义。成人注视并强调了这种价值,他们就感悟到深深的爱意,在尝试给予的同时,他们懂得了什么是接受。爱是一面辽阔光滑的回音壁,微小的爱意反复回响着,折射着,变成巨大的轰鸣。当付出的爱被隆重接受并珍藏时,孩子终于强烈地感觉到了被爱的尊贵与神圣。

被太多的爱压得麻木,腾不出左手的孩子,只得用右手,完成给予和领悟爱的双重任务。

天下的父母,如果你爱孩子,一定让他从力所能及的时候,开始爱你和周围的人。这绝非成人的自私,而是为孩子一世着想的远见。不要抱怨孩子天生无爱,爱与被爱是铁杵成针百年树人的本领,就像走路一样,需反复练习,才会举步如飞。

如果把孩子在无边无际的爱里泡得口眼翻白,早早剥夺了他感知爱的能力,育出一个爱的低能儿,即使不算弥天大错,也是成人权力的滥施,或许在遭天谴的。

在爱中领略被爱,会有加倍的丰收。孩子渐渐长大,一个爱自己爱世界爱人类也爱自然的青年,便喷薄欲出了。

思考与练习

一、作者在文中说"这个简陋的命题,把许多成人和孩子一同领入误区",句中"误区"具体指什么?

二、作者通过具体转述三个孩子对于"什么时候感到别人是爱你的"的回答,想说明什么问题?

三、"爱是一面辽阔光滑的回音壁"一句的含义是什么?它在表达上有什么特点和作用?

四、从全文来看,作者认为大人们怎样才能使孩子富有爱心?

五、读读记记
    1.白头老母遮门啼,挽断衫袖留不止。　　　　——【中国】唐·韩愈
    2.我之所有,我之所能,都归功于我天使般的母亲。　　——【美国】林肯

8 父亲越来越小[1]

袁利霞

• 课文导读 •

小孩子眼中的父亲形象一般都是伟岸的,或严厉,或慈爱,都"高高在上"。长大后,有时候会发现过去和现在的父亲简直判若两人,而这变化需要子女用眼去发现,更要用心去理解。

本文写父亲视角很独特。写父亲"顽劣如孩童",写父亲"人来疯",写父亲的"私房钱",写父亲"嘴馋好吃",写父亲在女儿面前"告状",写父亲在母亲面前"炫耀",等等,把某些年老父亲在家里的种种表现写得真实可信,趣味盎然。读完文章我们能感受到作者对父亲深深的爱与理解。

想想现在你的父母在你心中的形象与儿时比有没有什么变化,有哪些变化,你能理解并接受这些变化吗。

父亲理发回来,我们望着他的新发型都笑了——后脑勺上的头发齐刷刷地剪下来,没有一点层次,粗糙、顽劣如孩童。

父亲50多岁了,越来越像个小孩子。走路腿抬不起来,脚蹭着地,嚓嚓嚓响,从屋里听,分不清是他在走路,还是我那8岁的侄儿在走路。有时候饭菜不可口,他执拗着不吃;天凉了,让他加件衣服,得哄好半天。在院子里,父亲边走边吹口哨——全没有一点父亲的威严。

---

[1] 选自《涧溪撷美》(中国文联出版社2005年版)。

父亲很有点"人来疯"。家里来个客人,父亲会故意粗声大气地跟母亲说话,还非要和客人争着吃头锅的饺子。客人一走,父亲马上又会低声下气地给母亲赔小心。

每次父亲从外边回来,第一句话就是:你妈呢?如果母亲在家,父亲便不再言语,该干什么干什么;如果母亲不在家,父亲便折回头骑着自行车到处找,认认真真把母亲找回来,就没有什么事了。

有一次,父亲晨练回来,母亲说:出去之前也不照镜子,脸都没洗净,眼屎还在上面。父亲不相信:我出去逛了一圈了,别人怎么没发现,就你发现了?母亲感到很好笑:别人发现了也不好意思告诉你呀,都这么大人了。

家里有一点破铜烂铁、废旧报纸或塑料瓶,父亲都会高高兴兴拿到废品收购站去卖,卖得三元五元,不再上缴母亲,装进自己的腰包,作为公开的"私房钱",用于自己出去吃饭或购买零食。

父亲以前生活节约,从不肯到外边吃饭,也不吃任何零食。现在儿成女就,没什么大的开支,他也就大方了,经常到小摊儿上去吃"豆腐砂锅面"和板肉夹烧饼。板肉就是把牛肉煮熟了,加上各种作料,压成块状,吃时,用锋利的刀片成薄片,夹在刚出炉的热烧饼里。

有一次父亲很委屈地在我面前告母亲的状:我每次都夹一块钱的肉,只有一次,我夹了两块钱的肉,你妈就嫌我浪费。我好笑极了,这哪是印象中的父亲啊,分明是一个馋嘴的孩子。我从口袋里掏出10元给他,让他专门用来买"板肉夹烧饼",并刻意叮嘱他,不准告诉母亲。父亲高高兴兴地收下钱出去了。第二天,我从厨房经过,听见父亲跟母亲以炫耀的口气说:女儿给我10元,让我买"板肉夹烧饼"。你看,还是我女儿好!

我心里忽然一阵酸楚——我们越来越大了,父亲越来越小了。那种感觉就像一个叫云亮的诗人写的诗《想给父亲做一回父亲》:

◆ 第二单元 感悟亲情 ◆

父亲老了

站在那里

像一小截地基倾斜的土墙

父亲对我的态度越来越像个孩子

我和父亲说话

父亲总是一个劲儿地点头

一时领会不出我的意思

便咧开嘴冲我傻笑……

有一刻

我突然想给父亲做一回父亲

给他买最好的玩具

天天做好饭好菜叫他吃

供他上学

一直念到国外

如果有人欺负他

我才不管三七二十一

撸起袖子

揍狗日的一顿不可……

思考与练习

一、父亲为什么会越来越小了呢？请结合课文内容作答。

二、文章有没有让你有所触动？想一想你的父亲在你心中的形象有没有什么变化，请谈一谈。

三、读读记记

  1.那些博得了自己子女的热爱和尊敬的父亲和母亲是非常幸福的。

——【苏联】伊林娜

  2.没有哪一个人真正了解自己的父亲，但是，我们大家都有某种推测或某种信任。

——【希腊】米南德

9 父母心①

【日本】川端康成

• 课文导读 •

日本作家川端康成怀着淡淡的哀怨,描写了发生在一艘轮船上的感人故事,它讲述了一对贫困夫妇拒绝优越的条件,不愿把自己的任何一个孩子送给富人的经过,表现了人类最伟大的一种情感——动人肺腑的亲子之爱。故事虽然简单,但却催人泪下。

构思新颖、描写细致是本小说的特点。作者用一波三折、跌宕起伏的情节,通过语言、动作刻画人物内心世界的表现手法,让我们感受到了天下父母对子女那份浓浓的爱。学习时应注意体会。

轮船从神户港开往北海道,当驶出濑户内海到了志摩海面时,聚集在甲板上的人群中,有位衣着华丽、引人注目、年近四十的高贵夫人。有一个老女佣和一个侍女陪伴在她身边。

离贵夫人不远,有个四十岁左右的男人,他也引人注意:他带着三个孩子,最大的七八岁。孩子们看上去个个聪明可爱,可是每个孩子的衣裳都污迹斑斑。

不知为什么,高贵夫人总看着这父子们。后来,她在老女佣耳边嘀咕了一阵,女佣就走到那个穷人身旁搭讪起来:"孩子多,真快乐啊!"

"哪儿的话,老实说,我还有一个吃奶的孩子。穷人孩子多了更苦。不

---

① 选自《我爱诵读:3A级》(北京联合出版公司2013年版)。川端康成(1899—1972),日本著名小说家,主要作品有《伊豆的舞女》《雪国》《千只鹤》等。曾获得诺贝尔文学奖。

怕您笑话,我们夫妻已没法子养育这四个孩子了,但又不舍得抛弃他们。这不,现在就是为了孩子们,一家六口去北海道找工作啊。"

"我倒有件事和你商量,我家主人是北海道函馆的大富翁,年过四十,可是没有孩子。夫人让我跟你商量,是否能从你的孩子当中领一个做她家的后嗣?如果行,会给你们一笔钱做酬谢。"

"那可是求之不得啊!可我还是和孩子的母亲商量商量再决定。"

傍晚,轮船驶进相模滩时,那个男人和妻子带着大儿子来到贵妇人的舱房。

"请您收下这个小家伙儿吧!"

夫妻俩收下了钱,流着眼泪离开了贵妇人的舱房。

第二天清晨,当船驶过房总半岛,父亲拉着五岁的二儿子出现在贵妇人的舱房。

"昨晚,我们仔细地考虑了好久,不管家里多穷,我们也该留着大儿子继承家业。把长子送人,不管怎么说都是不合适的。如果允许,我们想用二儿子换回大儿子!"

"完全可以。"贵妇人愉快地回答。

这天傍晚,母亲又领着三岁的女儿到了贵妇人的舱内,很难为情地说:"按理说我们不该再给您添麻烦了。我二儿子的长相、嗓音极像死去的婆婆。把他送给您,实在对不起我丈夫。再说,孩子五岁了,也开始记事了。他已经懂得是我们抛弃他的。这太可怜了。如果您允许,我想用女儿换回他。"

贵妇人一听是想用女孩换回男孩,稍有点不高兴,不过看见母亲难过的样子,也只好同意了。

第三天上午,轮船快接近北海道的时候,夫妻俩又出现在贵妇人的卧舱里,什么话还没说就放声大哭。

"你们怎么了?"贵妇人问了好几遍。

那位父亲抽泣着说:"对不起。昨晚我们一夜没合眼,女儿太小了,真舍不得她。把不懂事的孩子送给别人，我们做父母的心太残酷了。我们愿意把钱还给您，请您把孩子还给我们。与其把孩子送给别人，还不如全家一起挨饿……"

贵妇人听着流下同情的泪："都是我不好。我虽没有孩子，可我理解做父母的心。我真羡慕你们。孩子应该还给你们，可钱请你们一定收下，那是对你们父母心的酬谢，做你们在北海道做工的本钱吧！"

思考与练习

一、用简洁的语言概括这篇文章的主要内容。

二、比较下面两个句子，你认为哪个句子表达效果更好？请说明理由。
　　①那就请您把这个小家伙收下吧！
　　②那就请您收下这个小家伙吧！

三、围绕贫穷父母"送"与"还"的矛盾心理，文章安排了几个场面？假如把父母送孩子的顺序换一下，你认为妥当吗？请用简洁的语言阐明理由。

四、文章如果一下就写贫穷父母决定一个孩子也不送，是否更能体现父母之心？

五、读读记记
　　1.难偿世上儿女债，可怜天下父母心。　　　　　　——中国谚语
　　2.乌鸦认为自己的孩子最优秀。　　　　　　　　　——英国谚语

10 祭十二郎文①

韩 愈

•课文导读•

  本文是韩愈为悼念他的侄子老成而写的一篇祭文,其哀痛、诚挚的情感跃然纸上。韩愈三岁丧父,依靠兄嫂艰难抚养。不久,哥哥又宦死于南方,寡嫂携带年幼的韩愈叔侄回到故乡河阳,一家人相依为命。后来,韩愈中进士后便在朝廷和地方任职,而老成则一直羁留在南方,他们叔侄每隔数年才得相见一面。没想到老成竟突然病死,韩愈悲痛欲绝,写成了这篇情真意切、感人至深的《祭十二郎文》。

  这篇祭文打破了传统的祭祀文体的固有格式,不去铺排郡望,历数祖辈官阶,赞颂死者的品德、业绩,而是完全根据情感的起伏变化奋笔直书。文章开头说他是"衔哀致诚"地撰文来祭奠侄子,结尾说"言有穷而情不可终",前后呼应,进一步说明了自己彻骨钻心的悲痛并不因文章的结束而终止,它将绵绵延续,永无尽期!

  韩愈在语言上放弃了传统骈俪文的整饬、华美,而采取韵散结合、以散为主的形式来表达。运用了与亲人对面交谈以叙家常、吐心曲的方法,这就构成了这篇祭文的语言自然、质朴,明白如话,而又宛转、细密的独特风格。

---

① 选自《经史百家杂钞》(岳麓书社2015年版)。韩愈(768—824),字退之,河南河阳(今河南省孟州市)人,唐代杰出的文学家、思想家、哲学家、政治家,被尊为"唐宋八大家"之首,主要作品有《师说》《进学解》等。

年月日①，季父愈闻汝丧之七日②，乃能衔哀致诚③，使建中远具时羞之奠④，告汝十二郎之灵：

呜呼！吾少孤⑤，及长，不省所怙⑥，惟兄嫂是依。中年，兄殁南方⑦，吾与汝俱幼，从嫂归葬河阳⑧。既又与汝就食江南⑨，零丁孤苦，未尝一日相离也。吾上有三兄⑩，皆不幸早世，承先人后者⑪，在孙惟汝，在子惟吾，两世一身⑫，形单影只。嫂常抚汝指吾而言曰："韩氏两世，惟此而已！"汝时尤小，当不复记忆；吾时虽能记忆，亦未知其言之悲也！

吾年十九，始来京城，其后四年，而归视汝⑬。又四年，吾往河阳

韩愈雕塑

---

① 【年月日】此为拟稿时原样。

② 【季父】父辈中排行最小的叔父。

③ 【衔哀致诚】衔哀：心中含着悲哀。致诚：表达赤诚的心意。

④ 【时羞】应时的鲜美佳肴。羞，同"馐"。

⑤ 【孤】幼年丧父称"孤"。

⑥ 【怙（hù）】《诗·小雅·蓼莪》："无父何怙，无母何恃。"后世因用"怙"代父，"恃"代母。失父曰失怙，失母曰失恃。

⑦ 【兄殁南方】代宗大历十二年（777），韩会由起居舍人贬为韶州（今广东韶关）刺史，次年死于任所，年四十三。时韩愈十一岁，随兄在韶州。

⑧ 【河阳】今河南孟州市，是韩氏祖宗坟墓所在地。

⑨ 【就食江南】唐德宗建中二年（781），北方藩镇李希烈反叛，中原局势动荡，韩愈随嫂迁家避居宣州（今安徽宣城）。因韩氏在宣州置有田宅别业。

⑩ 【吾上有三兄】三兄指韩会、韩介，还有一位死时尚幼，未及命名。

⑪ 【先人】指已去世的父亲韩仲卿。

⑫ 【两世一身】子辈和孙辈均只剩一个男丁。

⑬ 【视】古时探亲，上对下曰视，下对上曰省。

省坟墓①，遇汝从嫂丧来葬②。又二年，吾佐董丞相于汴州③，汝来省吾，止一岁④，请归取其孥⑤。明年，丞相薨⑥，吾去汴州，汝不果来⑦。是年，吾佐戎徐州⑧，使取汝者始行，吾又罢去⑨，汝又不果来。吾念汝从于东⑩，东亦客也，不可以久。图久远者，莫如西归，将成家而致汝。呜呼！孰谓汝遽去吾而殁乎⑪！吾与汝俱少年，以为虽暂相别，终当久相与处，故舍汝而旅食京师，以求斗斛之禄⑫。诚知其如此，虽万乘之公相⑬，吾不以一日辍汝而就也⑭！

去年孟东野往⑮，吾书与汝曰："吾年未四十，而视茫茫，而发苍苍，而齿牙动摇。念诸父与诸兄，皆康强而早世，如吾之衰者，其能久存乎？吾不

---

① 【省（xǐng）】探望，此引申为凭吊。
② 【遇汝从嫂丧来葬】韩愈嫂子郑氏卒于元贞元九年（793），韩愈有《祭郑夫人文》。贞元十一年（795），韩愈往河阳祖坟扫墓，与奉其母郑氏灵柩来河阳安葬的十二郎相遇。
③ 【吾佐董丞相于汴州】董丞相：指董晋。贞元十二年（796），董晋以检校尚书左仆射，同中书门下平章事任宣武军节度使，汴、宋、亳、颍等州观察使。时韩愈在董晋幕中任节度推官。汴州：治所在今河南开封市。
④ 【止】住。
⑤ 【取其孥（nú）】把家眷接来。取，迎接。孥，妻和子的统称。
⑥ 【薨（hōng）】古时诸侯或二品以上大官死曰薨。贞元十五年（799）二月，董晋死于汴州任所，韩愈随葬西行。去后第四天，汴州即发生兵变。
⑦ 【不果】没能够。指因兵变事。
⑧ 【佐戎徐州】当年秋，韩愈入徐、泗、濠节度使张建封幕任节度推官。节度使府在徐州。佐戎，辅助军务。
⑨ 【罢去】贞元十六年（800）五月，张建封卒，韩愈离开徐州赴洛阳。
⑩ 【东】指故乡河阳之东的汴州和徐州。
⑪ 【孰谓汝遽（jù）去吾而殁】孰谓：谁料到。遽：骤然。
⑫ 【斗斛（hú）之禄】微薄的俸禄。唐时十斗为一斛。韩愈离开徐州后，于贞元十七年（801）来长安选官，调四门博士，贞元十九年（803），迁监察御史。
⑬ 【万乘（shèng）】指高官厚禄。古代兵车一乘，有马四匹。封国大小以兵赋计算，凡地方千里的大国，称为万乘之国。
⑭ 【辍（chuò）汝而就】辍：停止。就：就职。
⑮ 【去年孟东野往】去年：贞元十八年（802）。孟东野：韩愈的诗友孟郊。是年出任溧阳（今属江苏）尉，溧阳去宣州不远，故韩愈托他捎信给宣州的十二郎。

可去,汝不肯来,恐旦暮死而汝抱无涯之戚也①!孰谓少者殁而长者存、强者夭而病者全乎!呜呼!其信然邪?其梦邪?其传之非其真邪?信也,吾兄之盛德而夭其嗣乎?汝之纯明而不克蒙其泽乎②?少者、强者而夭殁,长者、衰者而存全乎?未可以为信也?梦也?传之非其真也?东野之书,耿兰之报③,何为而在吾侧也?呜呼!其信然矣!吾兄之盛德,而夭其嗣矣!汝之纯明宜业其家者④,不克蒙其泽矣!所谓天者诚难测,而神者诚难明矣!所谓理者不可推,而寿者不可知矣!

虽然,吾自今年来,苍苍者或化而为白矣,动摇者或脱而落矣⑤,毛血日益衰⑥,志气日益微⑦,几何不从汝而死也?死而有知,其几何离⑧?其无知,悲不几时,而不悲者无穷期矣!汝之子始十岁,吾之子始五岁,少而强者不可保,如此孩提者⑨,又可冀其成立邪?呜呼哀哉!呜呼哀哉!

汝去年书云:"比得软脚病⑩,往往而剧。"吾曰:"是疾也,江南之人常常有之。"未始以为忧也。呜呼!其竟以此而殒其生乎?抑别有疾而至斯乎?汝之书,六月十七日也,东野云汝殁以六月二日。耿兰之报无月日,盖东野之使者,不知问家人以月日。如耿兰之报,不知当言月日;东野与吾书,

---

① 【无涯之戚】无穷的悲伤。涯,边。戚,忧伤。

② 【汝之纯明而不克蒙其泽】纯明:纯正贤明。不克:不能。蒙:承受。

③ 【耿兰】生平不详,当时宣州韩氏别业的管家人。十二郎死后,孟郊在溧阳写信告诉韩愈,时耿兰也有丧报。

④ 【业】用作动词,继承之意。

⑤ 【动摇者或脱而落矣】时年韩愈有《落齿》诗云:"去年落一牙,今年落一齿;俄然落六七,落势殊未已。"

⑥ 【毛血】指体质。

⑦ 【志气】指精神。

⑧ 【其几何离】分离会有多久呢?意谓死后仍可相会。

⑨ 【孩提】本指两三岁的幼儿,此为年纪尚小之意。

⑩ 【比(bǐ)得软脚病】比:近来。软脚病:脚气病。

乃问使者，使者妄称以应之耳。其然乎？其不然乎？

今吾使建中祭汝，吊汝之孤与汝之乳母①。彼有食可守以待终丧②，则待终丧而取以来③；如不能守以终丧，则遂取以来。其馀奴婢，并令守汝丧。吾力能改葬④，终葬汝于先人之兆⑤，然后惟其所愿⑥。

呜呼！汝病吾不知时，汝殁吾不知日，生不能相养以共居，殁不得抚汝以尽哀⑦，敛不凭其棺⑧，窆不临其穴⑨，吾行负神明，而使汝夭！不孝不慈，而不得与汝相养以生，相守以死！一在天之涯，一在地之角，生而影不与吾形相依，死而魂不与吾梦相接，吾实为之，其又何尤⑩！彼苍者天，曷其有极⑪！

自今已往，吾其无意于人世矣。当求数顷之田于伊、颍之上⑫，以待馀年，教吾子与汝子，幸其成⑬；长吾女与汝女，待其嫁⑭。如此而已。呜呼！言有穷而情不可终，汝其知也邪？其不知也邪？呜呼哀哉！尚飨⑮。

---

① 【吊汝之孤】吊：此指慰问。孤：指十二郎的儿子。
② 【终丧】守满三年丧期。
③ 【取以来】指把十二郎的儿子和乳母接来。
④ 【力能改葬】假设之意。即先暂时就地埋葬。
⑤ 【兆】葬域，墓地。
⑥ 【惟其所愿】才算了却心事。
⑦ 【抚汝以尽哀】指抚尸恸哭。
⑧ 【敛】同"殓"。为死者更衣称小殓，尸体入棺材称大殓。
⑨ 【窆（biǎn）】下棺入土。
⑩ 【何尤】怨恨谁？
⑪ 【彼苍者天，曷其有极】意谓你青苍的上天啊，我的痛苦哪有尽头啊。
⑫ 【伊、颍（yǐng）】伊水和颍水，均在今河南省境。此指故乡。
⑬ 【幸其成】幸：希望。成：成材。
⑭ 【长（zhǎng）吾女与汝女，待其嫁】长：用作动词，养育之意。待其嫁：等待她们出嫁。
⑮ 【尚飨】古代祭文结语用辞，意为希望死者享用祭品。

思考与练习

一、结合全文，下列说法不正确的一项是（　　）

　　A. 韩愈世称韩昌黎，又称韩吏部。谥号"文"，又称韩文公。宋代苏轼称他"文起八代之衰"，明人推他为唐宋八大家之首，与柳宗元并称"韩柳"，有"文章巨公"和"百代文宗"之名。

　　B. "汝"即你，多用于后辈。古汉语中表示"你"的称呼还有"尔、公、君、卿、足下"等。

　　C. "矣、呜呼"等语气助词的运用强化了文章情感发展变化的节奏，也准确地抒发了作者强烈的不愿相信、不能相信又不得不相信的失去亲人的悲痛感情。

　　D. 殁在殡葬中的区别：古代对身份和地位不同的人去世后，称呼也不同。天子死曰崩，诸侯死曰薨，大夫死曰禄，士死称不卒，庶人死称死。小孩夭折和病死的，称为殁。

二、阅读全文，下列对课文内容的阐述正确的一项是（　　）

　　A. 作者悲痛欲绝，写下这篇祭文。作者把抒情与叙事结合在一起，联系家庭、身世和生活琐事，反复抒写他对亡侄的无限哀痛之情。

　　B. 这是一篇情文并茂的祭文。虽没有铺排，但隐露出张扬，作者善于融抒情于叙事之中，在对身世、家常、生活遭际朴实的叙述中，表现出对兄嫂及侄儿深切的怀念和痛惜，一往情深，感人肺腑。

　　C. 由于作者情绪的激动以及生活经历的坎坷，所要书写的内容很多，所以文章往复重叠、散漫错综。

　　D. 全文构思巧妙，文章结尾叙写"两世一身，形单影只"的身世之悲再次衬托了内心的悲痛心情。

三、把下列句子翻译成现代汉语

（1）吾年未四十，而视茫茫，而发苍苍，而齿牙动摇。念诸父与诸兄，皆康强而早世。

（2）吾行负神明，而使汝夭！不孝不慈，而不得与汝相养以生，相守以死！

四、读读记记

1.离恨恰如春草，更行更远还生。　　　　　——【中国】南唐·李煜

2.露从今夜白，月是故乡明。　　　　　　　——【中国】唐·杜甫

应用写作：启事与通知

【模块目标】

1. 了解启事和通知的格式要求和写作方法。

2. 根据不同要求撰写各种规范的启事和通知。

3. 感受启事和通知在社会生活中的作用。

【项目任务】

1. 项目一　启事

2. 项目二　通知

【行动过程】

1. 了解启事和通知的基本格式和写作要求。

2. 掌握启事和通知的写法。

启事是机关、社会团体、企事业单位或公民个人公开申明某件事情，希望有关人员参与或者协助办理而使用的告知性应用文。

广义的启事，包括广告与启事两种，都是为某个特定目的，借由文书来公开传递其意思，或刊登于报刊，或张贴于街头布告栏位。

本书所指的"启事"，单指狭义而言。凡个人或机关团体对社会大众或个人有所陈述，以公开方式告之，此类文书，即称之为启事。

通知，是向特定受文对象告知或转达有关事项或文件，让对象知道或执行的公文。通知的应用极为广泛。下达指示、布置工作、传达有关事项、传达领导意见、任免干部、决定具体问题，都可以用通知。上级机关对下级机关可以用通知；平行机关之间有时也可以用通知。

项目一 启事

任务导入

　　电子商务 1801 班的周子睿同学上篮球课的时候在球场丢了钱包,他写了一份寻物启事。

寻物启事

　　今天,我丢了一个黑色钱包,拾到的人请与我联系,电话:××××××××××

　　同学们,你们知道周子睿同学的这份寻物启事存在哪些问题吗?你能帮他写一份符合要求的寻物启事吗?

任务一　启事的写作

一、认识启事

例文

迁址启事

　　本公司自×年×月×日起,迁至本市××路××号新址办公(可乘××路公交车至××站下车)。望新老顾客相互告知,如有不便,敬请见谅。

　　联系电话:××××××

　　地址:××市××路××号××公司人事部

×年×月×日

　　点评:这是一份迁址启事,启事写明了迁址日期(×年×月×日)、新地址(××路××号)、交通方式(可乘××路公交车至××站下车)、联系电话等,内容简洁明了,符合规范。

二、必备知识

(一)启事的特点

(1)内容的广泛性。它可以用于公务中的招生、招聘、开业、庆典、单位成立、商标的使用与更换等多种事宜。

（2）告知的回应性。启事不同于只是向社会"告知"的声明，它要求通过告知得到社会上广泛的回应，以解决自己的某件公务事宜。

（3）参与的自主性。启事不具有强制性和约束力。启事的对象有参与的自主性，可以参与或不参与。

（4）传播的新闻性。启事通过张贴、登报、广播、电视等各种新闻媒体公开传播消息，对社会公众来说，是广告性消息，具有新闻性质。

（二）启事的种类

（1）寻访类：如寻物启事、寻人启事等。

（2）招领类：拾遗者发启事寻找物（或人）的失主。

（3）征求类：如征稿启事、征物启事、征求某种人才的启事、征婚启事等。

（4）征询类：征询对某物的产权、对某件事情的结论有无异议。

（5）通知类：邀集亲友、校友、会友、社会同仁等举行某种活动，由于被告知者居住分散或不确定，往往发启事广泛告知。

（6）声明类：遗失证件、支票，发启事告白社会有关方面，声明作废。

（7）道歉类：社会活动中发生侵权行为，经有关方面调解，有时以公开道歉为和解条件，可用启事公开道歉。

（8）鸣谢类：受别人祝贺、援助、恩惠之后，往往要表示谢意，用启事公开道谢，也兼有表彰之意。

（9）辞行类：多用于个人或团体离开某地时向社会各界或亲友公开道别。

（10）陈情类：对某事情或某一方针政策有异议，可用启事形式向社会公开陈述意见以征求支持者，或请求主持公道。

（11）喜庆类：生活中遇有喜庆之事（如订婚、结婚、寿诞、荣膺、开幕、奠基等）公开告白亲友或邀集举行庆祝活动，均可以启事形式告白。

（12）丧祭类：在操办丧事，举行追悼、祭奠活动时，除用丧帖告知亲友外，也往往同时发启事，以便对社会亲友广泛告白。

（13）迁移类：厂家、店铺、机关团体的办公地址、个人住址等迁移新址时，如认为有必要向社会公开告白，也常采用发表启事的方式。

（14）更改类：对已公布出的事项成文字错误作更改通知或勘误说明。

（15）其他类：书刊出版发行的预告、预订，公开的警告或悬赏，公开推荐人才或出租出售物品，开业或停业的通知等，都可用启事形式告白大众。

（三）启事的格式与写法

启事一般包括标题、正文、结尾三部分。

（1）标题。启事的标题在第一行居中，常用大号字书写。其写法有以下几种：第一，由事由和文种构成，这是最常见的，如"寻人启事"。第二，由事主与文种构成，如"本刊启事"。第三，只用文种"启事"。第四，只写事由，如"征婚"。第五，由事主、事由和文种构成，如"本社迁址启事"。

（2）正文。正文的内容大致包括写启事的目的、内容、要求、联系单位名称或个人姓名、联系方法、地址、电话号码、邮政编码等。正文要求简洁明了，但根据启事内容，有的启事需要写得具体详尽，如"寻人启事"；有的则要写得简单概括，如"招领启事"。

（3）结尾。结尾包括署名、日期、联系方式等。署名在正文右下方，署名下面标明写启事的日期。如果正文中已有单位名称或个人姓名，就不必另行署名。如果正文中没有交代联系事项，则应在正文左下方注明联系地址、联系电话、邮编以及联系人等事项。

三、任务实施

1. 请按照"任务导入"中的要求完成规定任务。

2. 某动漫公司因业务发展需要，急需6名销售人员。应聘者需具有中专以上学历，有良好的沟通和语言表达能力。请你为该公司写一则招聘启事。

项目二　通知

任务导入

电子商务系准备召开2020年元旦联欢会，由周子睿同学草拟一份通知，如下：

通知

我系定于1月1日8点召开元旦联欢会，请大家准时参加。

同学们，你们知道周子睿同学的这份通知存在哪些问题吗？你能帮他写一份符合要求的通知吗？

任务二　通知的写作

一、认识通知

例文

国务院办公厅关于做好2014年国庆期间旅游工作的通知

各省、自治区、直辖市人民政府，国务院有关部门：

2014年国庆节即将到来，为深入贯彻《中华人民共和国旅游法》，做好国庆期间旅游工作，根据国务院旅游工作部际联席会议第一次全体会议精神，经国务院批准，现将有关事项通知如下：

一、落实地方政府的责任

县级以上地方人民政府应当依法承担对本行政区域旅游发展和监督管理进行统筹协调的职责，切实履行统一负责本行政区域旅游安全工作的责任。要逐级落实旅游安全的政府领导责任、部门监管责任和企业主体责任，充分发挥地方政府、旅游业组织者、实施者、管理者的作用，扎扎实实做好国庆期间旅游各项工作，实现"安全、秩序、质量、效益"四统一的工作目标。

二、认真抓好旅游安全工作

要层层落实旅游安全工作责任制，确保责任到具体单位和人员；严格执行国庆期间各类旅游节庆活动的安全审查和管理制度，认真落实"谁主办、谁负责，谁审批、谁管理"的原则，严防发生群死群伤事故；进一步完善各类突发公共事件应急预案，做到一旦发生问题能够快速反应，保证信息畅通、快速跟进、措施到位，将损失和影响降到最低程度。

三、切实提升旅游服务质量

地方各级人民政府要积极采取信息发布、门票预约、在关键交通节点进行疏导等方式加强客流疏导。引导旅游接待单位开展诚信服务、文明服务，提高信息咨询、运输售票、住宿餐饮、导览参观、医疗卫生等服务质量和水平。要开展联合执法，加强旅游市场监管，查处各种非法经营行为，严厉打击哄抬价格、以次充好、强迫或变相强迫消费、不履行合同约定义务等违法违规行为。

四、加强信息通报和应急值守

地方各级人民政府要向社会公布国庆期间旅游投诉和咨询电话，严格执行24小时值班和领导带班制度，重点旅游城市和景区景点主要负责同志要亲自带班。要建立专门的信息渠道，及时搜集、整理、汇总、发布相关信息。遇有重大安全或群体性事件，要按规定及时报告并妥善处置。

五、各部门要各负其责

国务院旅游工作部际联席会议是议事协调机构，落实国务院关于假期旅游工作的相关要求，关键是各部门的工作要到位。各有关部门要严格依照法律法规和有关规定，忠实履行职责，切实做好本部门国庆期间旅游相关工作，加强对本系统的业务指导和督促检查，并及时掌握本行业的运行情况。要加强部门间的协同配合，共同维护国庆期间旅游市场秩序，保护旅游者的合法权益。

国务院办公厅（印章）

2014年9月28日

点评：这是一份事项性通知（发文字号：国办发明电〔2014〕18号）。正文首先交代发文目的及依据，然后以"现将有关事项通知如下"引出五点发文事项，对切实做好国庆节期间旅游工作提出了具体要求。全篇简明扼要。

二、必备知识

（一）通知的特点

（1）告知性。通知是知照性公文，它告知相关单位、个人应该做什么、为什么做，并提出做的要求。

（2）广泛性。通知是使用频率高、范围广的文种。主要体现在以下几方面：①可以用来处理多种公务；②作者广泛，没有层次限制；③主要作为下行文，但也可以作为平行文，向非隶属机关发行。因此，它流向广泛，具有普发性。

（3）执行性。通知多作下行文使用，不管是直发公文还是批转、转发公文，其内容都是要求下属单位学习、讨论或执行、办理；下属单位收到后都要服从通知的安排；当它作为平行文使用时，也要求收文单位了解或办理，所以，它的执行性很强。

（4）单纯性。一份通知一般只布置或通报一件工作事项，因此内容单纯。

（二）通知的种类

（1）批示性通知。批示性通知有两种：①批转性通知，即把下级机关的公文加批示意见后以通知的形式下发。②转发性通知，即把上级机关、平行机关或不相隶属机关的公文，加意见后以通知的形式转发下去。

（2）发布性通知。即职能机关以通知的形式发布规定、办法和条例等规章，印发有关文件，并加说明性文字，要求受文机关遵照执行。发布性通知与批转/转发性通知比较相似，它们的区别是，发布性通知绝大部分发布的是法规类文件，批转/转发性通知批转/转发的则是常用的各类法定公文。

（3）指示性通知。即上级机关向下属机关传达领导意图或部署工作、交代任务而发的，内容又不适于用"决定"或"指示"的通知。

（4）事项性通知。这种通知用于上级机关对要求执行的具体事项制定办法、规定，对某些具体问题作出决定和处理意见，以便下级机关办理或遵循，或需要知道。

（5）告谕性通知。这种通知是向有关单位或部门、个人传达有关事项、情况，如建立或调整机构、人事任免、启用或更换印章、召开会议等，使对方知晓，便于工作。

（三）通知的写作

1. 标题

（1）批示性通知的标题。发文机关＋批转／转发＋被批转／转发文件的题名＋文种

如：国务院批转发展改革委关于2014年深化经济体制改革重点任务意见的通知

（2）发布性通知的标题。发文机关＋关于发布／关于颁布／关于印发／关于实施＋原文件名称（要加书名号）＋文种

如：安徽省人民政府办公厅关于印发《安徽省食品安全违法行为举报奖励暂行办法》的通知

（3）指示性、事项性、告谕性通知的标题。

①发文机关＋事由＋文种

如：合肥市人民政府关于公布第四批市级行政审批事项清理结果的通知

②发文机关＋事由＋紧急＋文种

如：安徽省人民政府办公厅关于切实做好夏季高温堆肥工作的紧急通知

2. 主送机关

主送机关即通知的受文机关。一般发到单位，告谕性通知还可以发给个人。

3. 正文

（1）批转／转发性通知的正文。即"批示意见"，一般比较简短，包

括发文的缘由、执行要求两大部分。即"××（发文机关）同意××单位《××××××××》，现转发给你们，请结合实际情况，认真贯彻执行／参照执行／遵照执行／研究执行。"或"××（发文机关）同意××单位《××××××××》，现转发给你们，请认真贯彻执行／参照执行／遵照执行／研究执行。"或"现将《××××××》转发给你们，请结合实际情况，认真贯彻执行。"等。有的批转／转发性通知的正文还加上一段具体的指示性意见。

（2）发布性通知的正文。包括发布缘由、执行要求两部分。即写明发布行政法规和规章的名称、说明性文字、执行要求即可。即"《××××××××××》已经××批准，现印发给你们，请认真贯彻执行。"／"《×××××××××》已经×年×月×日××××××会议通过，现予发布实施。"／"现将《×××××××××》发给你们，自×年×月×日起施行。"等等。

（3）指示性、事项性、告谕性通知的正文可以分三部分写，即通知缘由、通知事项和结尾。①缘由部分，即发出通知的依据或目的，也可以写发出通知的意义，文字应力求简短概括，然后用过渡句"特作如下通知"／"特通知如下"，转入通知事项。②通知事项，大都采用分条列项法，具体地提出要求、措施、办法。③结尾，一般用"特此通知"结尾，也可省略。

4.落款

署发文机关名称、成文日期并加盖印章。

三、任务实施

1.请按照"任务导入"中的要求完成规定任务。

2.请代团委拟写一份布置"五四青年文化艺术活动"的通知。（必须写清各项活动的组织者、参加者，并以条文式的写法来写。）

第三单元

工匠精神

单元导语

　　工匠精神是一种职业精神,它是职业道德、职业能力、职业品质的体现,是从业者的一种职业价值取向和行为表现。工匠精神的基本内涵包括敬业、精益求精、专注、创新等方面的内容。

　　本单元围绕"工匠精神"所选的5篇课文,向我们展示了不同时代、不同行业的工匠精神。《都江堰》介绍了两千多年前,蜀郡守李冰率众修建的举世无双的水利工程——都江堰。文章推物及人,由对都江堰的关注自然推进到对工程建设者李冰形象的描写,表现了作者对李冰"伟大精魂"的褒扬和崇敬之情。《绝品》中能称为绝品的除了画还有人,文章让我们从"画之绝品"感受"人之绝品"。《成功的秘诀》中,在大艺术家罗丹的眼里,只有对作品的精益求精、对艺术的一丝不苟、对完美的孜孜追求,除此之外,没有其他。《庖丁解牛》的故事告诉我们一个道理:做任何事做到心到、神到,就能达到登峰造极、出神入化的境界。《品质》让我们看到:工匠用工作获得金钱,但工匠不为钱工作。一个人所做的工作是他人生态度的表现,一生的职业就是他志向的表示、理想的所在。

　　工匠不一定都能成为企业家,但大多数成功企业家身上都有这种工匠精神。愿我们每个人都拥有工匠精神,匠心独运,走好我们的每一步,实现精彩人生!

　　本单元口语交际训练是即兴演讲,通过介绍即兴演讲的分类及技巧,提高学生的思维逻辑能力及语言表达水平。

11 都江堰[①]

余秋雨

• 课文导读 •

两千多年前，蜀郡守李冰率众修建了举世无双的水利工程——都江堰，成就了"水旱从人，不知饥馑，时无荒年，沃野千里"的天府之国。时至今日，都江堰还在为无数民众输送汩汩清流，造福于中华民族的子孙后代。就此而言，都江堰不仅仅是一座普通的水利工程，它带给我们更多更深层的思考。作者立足于人类文明的新高度，用现代眼光审视历史，提出了发人深省、耐人寻味的独到见解。

阅读这篇文思深邃、文采斐然的散文，我们首先要理清文章脉络，通过朗读，理解作者用洗练典雅的文字表达的充满感性体验的文化认识，体味作者对都江堰的赞颂和对李冰的敬慕之情。之后重点体会文章巧用对比、融情于景、寓议于物的艺术特点，反复揣摩文中含义丰富深刻的语句，深入领会作者对优秀历史人物的深层次体察和对历史的深刻思考。

一

我以为，中国历史上最激动人心的工程不是长城，而是都江堰。

长城当然也非常伟大，不管孟姜女们如何痛哭流涕，站远了看，这个苦

[①] 选自《中国当代文学名作选析》（太白文艺出版社2006年版），稍有改动。余秋雨（1946— ），浙江余姚人，当代著名文化学者、理论家、文化史学家、作家，主要作品有《余秋雨散文集》《山河之书》《戏剧理论史稿》等。

难的民族竟用人力在野山荒漠间修了一条万里屏障，为我们生存的星球留下了一种人类意志力的骄傲。长城到了八达岭一带已经没有什么味道，而在甘肃、陕西、山西、内蒙古一带，劲厉的寒风在时断时续的颓壁残垣①间呼啸，淡淡的夕照、荒凉的旷野溶成一气，让人全身心地投入对历史、对岁月、对民族的巨大惊悸②，感觉就深厚得多了。

　　但是，就在秦始皇下令修长城的数十年前，四川平原上已经完成了一个了不起的工程。它的规模从表面上看远不如长城宏大，却注定要稳稳当当地造福千年。如果说，长城占据了辽阔的空间，那么，它却实实在在地占据了邈远的时间。长城的社会功用早已废弛，而它至今还在为无数民众输送汩汩清流。有了它，旱涝无常的四川平原成了天府之国，每当我们民族有了重大灾难，天府之国总是沉着地提供庇护和濡养。因此，可以毫不夸张地说，它永久性地灌溉了中华民族。

　　有了它，才有诸葛亮、刘备的雄才大略，才有李白、杜甫、陆游的川行华章。说得近一点，有了它，抗日战争中的中国才有一个比较安定的后方。

　　它的水流不像万里长城那样突兀在外，而是细细浸润、节节延伸，延伸的距离并不比长城短。长城的文明是一种僵硬的雕塑，它的文明是一种灵动的生活。长城摆出一副老资格等待人们的修缮，它却卑处一隅，像一位绝不炫耀、毫无所求的乡间母亲，只知贡献。一查履历，长城还只是它的后辈。

　　它，就是都江堰。

二

　　我去都江堰之前，以为它只是一个水利工程罢了，不会有太大的游观价值。连葛洲坝都看过了，它还能怎么样？只是要去青城山玩，得路过灌县县城，

---

① 【颓（tuí）壁残垣（yuán）】废弃不用、残缺不全的墙壁。这里形容历经岁月磨难、饱受战乱洗礼的长城风貌。

② 【惊悸（jì）】因惊慌而心跳得厉害。

它就在近旁,就乘便看一眼吧。因此,在灌县下车,心绪懒懒的,脚步散散的,在街上胡逛,一心只想看青城山。

都江堰

七转八弯,从简朴的街市走进了一个草木茂盛的所在。脸面渐觉滋润,眼前愈显清朗,也没有谁指路,只向更滋润、更清朗的去处走。忽然,天地间开始有些异常,一种隐隐然的骚动,一种还不太响却一定是非常响的声音,充斥周际。如地震前兆,如海啸将临,如山崩即至,浑身起一种莫名的紧张,又紧张得急于趋附①。不知是自己走去的还是被它吸去的,终于陡然一惊,我已站在伏龙观前,眼前,急流浩荡,大地震颤。

即便是站在海边礁石上,也没有像这里强烈地领受到水的魅力。海水是雍容大度的聚会,聚会得太多太深,茫茫一片,让人忘记它是切切实实的水,可掬可捧的水。这里的水却不同,要说多也不算太多,但股股叠叠都精神焕发,合在一起比赛着飞奔的力量,踊跃着喧嚣的生命。这种比赛又极有规矩,

---

① 【趋(qū)附】迎合依附。

奔着奔着，遇到江心的分水堤，刷地一下裁割为二，直窜出去，两股水分别撞到了一道坚坝，立即乖乖地转身改向，再在另一道坚坝上撞一下，于是又根据筑坝者的指令来一番调整……也许水流对自己的驯顺有点恼怒了，突然撒起野来，猛地翻卷咆哮，但越是这样越是显现出一种更壮丽的驯顺。已经咆哮到让人心魄俱夺，也没有一滴水溅错了方位。阴气森森间，延续着一场千年的收伏战。水在这里吃够了苦头也出足了风头，就像一大拨翻越各种障碍的马拉松健儿，把最强悍的生命付之于规整，付之于企盼，付之于众目睽睽①。看云看雾看日出各有胜地，要看水，万不可忘了都江堰。

三

这一切，首先要归功于遥远得看不出面影的李冰。

四川有幸，公元前251年出现过一项毫不惹人注目的任命：李冰任蜀郡守。此后中国千年官场的惯例，是把一批批有所执持②的学者遴选为无所专攻的官僚，而李冰，却因官位而成了一名实践科学家。这里明显地出现了两种判然不同的政治走向，在李冰看来，政治的含义是浚理③，是消灾，是滋润，是濡养，它要实施的事儿，既具体又质朴。

他领受了一个连孩童都能领悟的简单道理：既然四川最大的困扰是旱涝，那么四川的统治者必须成为水利学家。

前不久我曾接到一位极有作为的市长的名片，上面的头衔只印了"土木工程师"，我立即追想到了李冰。没有证据可以说明李冰的政治才能，但因有过他，中国也就有过了一种冰清玉洁的政治纲领。

他是郡守，手握一把长锸④，站在滔滔的江边，完成了一个"守"字的原

---

① 【众目睽（kuí）睽】大家的眼睛都注视着。
② 【执持】这里指有理想、有追求。
③ 【浚（jùn）理】挖深，疏通。
④ 【锸（chā）】一种掘土工具。

始造型。那把长锸，千年来始终与金杖玉玺、铁戟钢锤反复辩论。他失败了，终究又胜利了。

他开始叫人绘制水系图谱。这图谱，可与今天的裁军数据、登月线路遥相呼应。

他当然没有在哪里学过水利。但是，以使命为学校，死钻几载，他总结出治水三字经"深淘滩，低作堰"、八字真言"遇湾截角，逢正抽心"，直到20世纪仍是水利工程的圭臬①。他的这点学问，永远水气淋漓，而后于他不知多少年的厚厚典籍，却早已风干，松脆得无法翻阅。

他没有料到，他治水的韬略②很快被替代成治人的计谋；他没有料到，他想灌溉的沃土将会时时成为战场，沃土上的稻谷将有大半充作军粮。他只知道，这个人要想不灭绝，就必须要有清泉和米粮。

他大愚，又大智。他大拙，又大巧。他以田间老农的思维，进入了最澄彻的人类学的思考。

他未曾留下什么生平资料，只留下硬扎扎的水坝一座，让人们去猜详。人们到这儿一次次纳闷：这是谁呢？死于两千年前，却明明还在指挥水流。站在江心的岗亭前，"你走这边，他走那边"的吆喝声、劝诫声、慰抚声声声入耳。没有一个人能活得这样长寿。

秦始皇筑长城的指令，雄壮、蛮吓、残忍；他筑堰的指令，智慧、仁慈、透明。

什么样的起点就会有什么样的延续。长城半是壮胆半是排场，世世代代，大体是这样。直到今天，长城还常常成为排场。

都江堰一开始就清朗可鉴，结果，它的历史也总显出超乎寻常的格调。

---

① 【圭臬(guī niè)】我国古代的一种天文仪器，在石座上平放一个尺(圭)，南北两端各放一个标杆(臬)，根据日影长短，可以测定节气和一年长短。这里喻指标准、法度。
② 【韬略】《六韬》《三略》都是古代的兵书，后来称用兵的计谋和韬略。

李冰在世时已考虑事业的承续，命令自己的儿子做3个石人，镇于江间，测量水位。李冰逝世400年后，也许3个石人已经损缺，汉代水官重造高及3米的"三神石人"测量水位。这"三神石人"其中一尊即是李冰雕像。这位汉代水官一定是承接了李冰的伟大精魂，竟敢于把自己尊敬的祖师，放在江中镇水测量。他懂得李冰的心意，唯有那里才是他最合适的岗位。这个设计竟然没有遭到反对而顺利实施，只能说都江堰为自己流泻出了一个独特的精神世界。

石像终于被岁月的淤泥掩埋，本世纪①70年代出土时，有一尊石像头部已经残缺，手上还紧握着长锸。有人说，这是李冰的儿子。即使不是，我仍然把他看成李冰的儿子。一位现代作家见到这尊塑像怦然心动，"没淤泥而蔼然含笑，断颈项而长锸在握"，作家由此而向现代官场衮衮诸公诘问：活着或死了应站在哪里？

出土的石像现正在伏龙观里展览。人们在轰鸣如雷的水声中向他们默默祭奠。在这里，我突然产生了对中国历史的某种乐观。只要都江堰不坍，李冰的精魂就不会消散，李冰的儿子会代代繁衍。轰鸣的江水便是至圣至善的遗言。

四

继续往前走，看到了一条横江索桥。桥很高，桥索由麻绳、竹篾编成。跨上去，桥身就猛烈摆动，越犹豫进退，摆动就越大。在这样高的地方偷看桥下会神志慌乱，但这是索桥，到处漏空，由不得你不看。一看之下，先是惊吓，后是惊叹。脚下的江流，从那么遥远的地方奔来，一派义无返顾的决绝势头，挟着寒风、吐着白沫、凌厉锐进。我站得这么高还感觉到了它的砭肤冷气，估计它是从雪山赶来的罢。但是，再看桥的另一边，它硬是化作许

---

① 【本世纪】指20世纪。

多亮闪闪的河渠，改恶从善。人对自然力的驯服，干得多么爽利。如果人类干什么事都这么爽利，地球早已是另一副模样。

但是，人类总是缺乏自信，进进退退，走走停停，不停地自我耗损，又不断地为耗损而再耗损。结果，仅仅多了一点自信的李冰，倒成了人们心中的神。离索桥东端不远的玉垒山麓，建有一座二王庙，祭祀李冰父子。人们在虔诚膜拜，膜拜自己同类中更像一点人的人。钟鼓钹盘，朝朝暮暮，重一声，轻一声，伴和着江涛轰鸣。

李冰这样的人，是应该找个安静的地方好好纪念一下的，造个二王庙，也合民众心意。

实实在在为民造福的人升格为神，神的世界也就会变得通情达理、平适可亲。中国宗教颇多世俗气息，因此，世俗人情也会染上宗教式的光斑。一来二去，都江堰倒成了连接两界的桥墩。

我到边远地区看傩戏，对许多内容不感兴趣，特别使我愉快的是，傩戏中的水神河伯，换成了灌县李冰。傩戏中的水神李冰比二王庙中的李冰活跃得多，民众围着他狂舞呐喊，祈求有无数个都江堰带来全国的风调雨顺、水土滋润。傩戏本来都以神话开头的，有了一个李冰，神话走向实际，幽深的精神天国一下子贴近了大地，贴近了苍生。

思考与练习

一、给下列加点字注音

惊悸（　　）　邈远（　　）　庇护（　　）　颓壁残垣（　　）

濡养（　　）　铁戟（　　）　韬略（　　）　卑处一隅（　　）

众目睽睽（　　）　怦然心动（　　）　诘问（　　）

衮衮诸公（　　）　圭臬（　　）　砭（　　）

二、作者为什么用长城来与都江堰作比较？主要对比了哪些地方？

三、说说下列语句中运用的修辞手法及其表达效果
    1. 长城摆出一副老资格等待人们的修缮，它却卑处一隅，像一位绝不炫耀、毫无所求的乡间母亲，只知贡献。

    2. 如地震前兆，如海啸将临，如山崩即至，浑身起一种莫名的紧张，又紧张得急于趋附。

    3. 这里的水却不同，要说多也不算太多，但股股叠叠都精神焕发，合在一起比赛着飞奔的力量，踊跃着喧嚣的生命。

四、都江堰的文化意义表现在哪里？

五、时至今日，中国仍在发展，我们的文明不断地前行，没有任何一个人能阻挡他的脚步，我们每个渺小的人又该为这份文明做些什么呢？

六、读读记记
    1. 鞠躬尽瘁，死而后已。　　　　　　　　　——【中国】三国·诸葛亮
    2. 责任就是对自己要求去做的事情有一种爱。　　　——【德国】歌德

12 绝品[①]

谈歌

• 课文导读 •

几千年的传统文化为我们留下了无数的艺术瑰宝,也为我们留下了代代相传的传统美德,这些艺术品、这些传统美德传承着中华文化,闪耀着夺目的人文光芒。本文是一篇讲述民国时期收藏绝品画作的小说。作者以绝品画作引出收藏绝品的曲折故事,进而折射出小说主要人物的绝品人格:常先生的舍生取义,刘三爷的一诺千金,王商人的重义轻利,以及三者之间的坦诚互信,无不表现了中华民族的文化人格和道德境界。

本文构思巧妙,剪裁得体,人物形象个性鲜明,语言简练、传神。

仔细品味本文针脚细密、环环相扣、明线与暗线相结合的特点,留意前有伏笔、后有照应的段落。

民国初年,保定城南有一家装裱[②]店。店主姓常,三十几岁,穿长袍,很斯文,人叫他常先生。

常先生没有雇佣伙计,自己装裱字画,手艺很神,一些模样落魄的旧字画到了他的手里,一经装裱,便神气崭新。

[①] 选自《人间笔记》(百花文艺出版社2011年版)。谈歌(1954—),原名谭同占,生于河北龙烟铁矿,祖籍河北完县,作家、记者,主要作品有《天下荒年》《票儿》《家园笔记》等。

[②] 【装裱】裱背和装饰书画、碑帖等的专门技艺。

常先生是外埠①人。几年前到了保定,开了这店。常先生无有家室,经常一个人到保定"望湖楼"来饮酒。常先生善饮,久之便与刘三爷相熟了。

刘三爷是保定富户,三代经营绸缎,颇有些家财。闲来也做些收藏生意。

三爷是"望湖楼"的常客,保定的酒楼茶肆是富商们谈生意的地处。三爷来"望湖楼"是奔生意而来。三爷不饮酒,上楼只喊一壶茶。有时没有生意,三爷便与常先生闲聊神侃。常先生学问大,善谈。三爷考过秀才,饱学。两人渐渐淡得入港②,由此熟了。三爷就经常到常先生店里购些字画收藏。常先生也偶尔推荐一些字画给三爷。三爷爽快,凡是常先生推荐,一概买下,且从不砍价。三爷的娘子马氏放心不下,瞒着三爷,让下人拿着字画到京城找行家鉴定,皆货真价实,如此几回,马氏也就不再疑心。三爷后来知道,就讥笑:"妇人之见。"

那天,三爷又与常先生在酒楼闲侃,侃了一会儿,三爷就问:"我直是不懂,今天冒失地问一句,先生目力老到,辨得真伪优劣,如何不做些收藏生意?"

常先生呷一口酒,淡然说道:"凡事依性情而定。三爷是聚财的性子,我是散财的脾气,好东西到了我手里,只怕是日后嘴馋挨不住,要换了酒吃的。"说完,就笑。

三爷也笑了。

常先生左右看看,凑近三爷,低了声音道:"我手上现有一张古画,主顾要大价钱。我劝三爷吃进,三爷可否有意?"

三爷笑道:"先生替我看中,买进便是。但不知那边开价多少?"

常先生道:"三千大洋。"

"三千?"三爷倒吸一口气,就有些口软。

---

① 【埠(bù)】码头,多指有码头的城镇。
② 【入港】(交谈)投机。

常先生笑道："我仔细看过，此画实为无价之宝。唐代珍品。委实是主顾急着用钱，才忍痛抛出。三爷不可错过机会。"

三爷点点头："既然先生已经认定，我明日凑足银子就是。"

常先生又道："三爷若收下此画，万不可示人。若是有人开价，出多少也是不能卖的啊。"

三爷看常先生一脸郑重，点头说："记下了。"

三爷回家告诉了马氏，让马氏去凑足大洋。

马氏听得呆了："什么宝贝？值这么多？"

三爷道："常先生看中，断不会错的，你莫要再多言了。"

第二天，常先生携一布包，来到三爷家中。三爷屏去下人，又关门闭窗，常先生才打开布包，里边又是布包，如此四五层，最后取出一幅画来。打开，那纸色已泛深黄，但托裱一新，很神气。

三爷埋头看画，良久，却看不出名堂。抬头淡然一笑："刘某眼拙，还望常先生指点。"

常先生笑了笑，就把画卷好，重新包裹严密，双手交与三爷，郑重说一句："三爷啊，关于此画，我不必多说，此画价值连城，您要悉心藏之啊。"

三爷也庄重接下："刘某记下了。"就喊进马氏，取来三千大洋的银票，交与常先生。

常先生揣起银票，就告辞。

第二天，三爷起床，坐在厅堂里吃点心。下人一边伺候着，一边说，常先生的店铺昨天夜里被官府抄了，已查封。常先生也不在店里，去向不明。

三爷半口点心吐了出来，惊了脸，半晌说不出话来。

常先生从此失踪。保定街上便传常先生原是江洋大盗，犯了重案，改名换姓，来保定藏身。三爷听过，无动于衷。

又过了些日子，马氏终是放心不下那幅画，差下人到京城请来一位古董行家,鉴定那幅画。

那行家认真看过,一阵无语之后,方长叹一声:"此画不假,可惜是揭品,便不值几文了。"

三爷一怔,忙问何为揭品。

行家道:"所谓揭品,即一张画分两层揭开。这非是一般作假者能所为之。此画更为厉害的,是将一张画揭为两张,且不露一点痕迹。这张是下边的一层,不值钱的。但此画揭得平展,无痕,均称,也算得上世上罕见的装裱高手所为了。"

三爷听得发呆,许久,点头称是,就送走了古董行家。

马氏忍不住心疼地骂起来:"姓常的黑心,坑了咱三千大洋啊。"

三爷登时沉下脸:"不可胡说,我与常先生非一日之交,他坦荡爽直,怎么会哄骗我。千虑一失,或许常先生走了眼。即使常先生知此内情,也或许另有难言之隐。不可怪他。"

马氏就不敢再说。

这年冬天,常先生竟又回到保定。夜半敲动三爷家的门。三爷的下人急忙来报。

三爷大喜过望,披衣起床,忙不迭喊下人摆下酒席。

二人相对坐下,刚刚要举杯,马氏进来,讥笑道:"常先生果真走了眼力,卖予我家老爷一张好画。"

常先生一愣,旋即大笑起来。

三爷怒瞪了马氏一眼,也笑道:"不提不提,吃酒吃酒。"

常先生喝了一会儿酒,叹道:"我与三爷相交多年,甚是投缘。或许就今夜一别,再不能相见了。真是憾事了。"

三爷惊疑道:"常先生何出此言?我观先生举止不凡,将来或许能成大事啊。"

常先生哈哈笑了:"多谢三爷夸奖。"就继续大杯痛饮,十分豪气。

喝罢酒,天已微明。常先生就告辞。

三爷依依不舍:"常先生何日再回保定?"

常先生慨然一叹:"三爷啊,人在江湖,身不由己啊。"说罢,重重地看了三爷一眼,拱拱手,大步出门去了。并不回头。

三爷急急地送出门去,在晨雾中听得常先生的脚步声渐行渐远了。三爷就怔怔地立在街中雾中,呆了许久。

再一年,三爷店铺中的伙计到京城办货,回来后战战兢兢地告诉三爷,说亲眼见常先生在京城被砍了头,罪名是革命党。临行前常先生哈哈大笑,面色如常。

三爷听得浑身一颤,坐在椅子上一动不动,泪就匆匆地淌下来,直打湿了衣襟。

马氏听了,一声冷笑:"真是报应,那次被他坑去了三千大洋。"

三爷暴喝一声,真如猛虎一般。

马氏一哆嗦,不敢再说,静静退下去了。

入夜,三爷独自关在房中,把所有常先生帮他买下的字画,共二十余幅,尽挂在了房中,呆呆地看。看久了,就含了泪,叹一声。直看到天光大亮,才一一摘下,悉心收起。

又过了几年,战祸迭起。三爷的生意便不再好做。后来军阀在保定开战,一场无端大火,三爷的店铺皆烧尽了。祸不单行,又一年,三爷又让土匪绑了票,索去许多财物,一个偌大的家业就败落下来。三爷也就病倒在了床上。

这一年冬天,保定来了一个姓王的商人,收购古董字画。马氏就瞒着三爷,把三爷的收藏拿去卖了。下人偷偷地告诉了三爷,三爷大怒,让下人喊来马氏。

三爷黑下脸怒问:"你找死哟,怎么敢去卖常先生帮我买进的字画?"

马氏便落泪哀告:"老爷啊,家道已经败落到这步田地,我拿去换些钱,也好度日啊。"

三爷看看马氏，许久，长叹一声，无力地摆摆手："你也不易，我不再多说了。"就让马氏取来卖字画的钱，颤颤地下了床，拄一根拐杖，顶着细细的雪花，到客栈去寻那姓王的商人。

王商人听了三爷的来意，皱眉道："已成交，怎好反悔？"

三爷摇头叹道："好羞惭人了。先生有所不知，这些字画，都是一位朋友帮我买进，说好不卖的。"就把常先生的事情细细说了一遍。

王商人听得呆了，愣愣地点点头，就把字画退给了三爷。

三爷谢过，把钱退了，让下人提着一捆字画告辞。

王商人送到客栈门前，忍不住叮嘱一句："刘先生，这些字画大多是国宝，还望您悉心收好才是啊。"

三爷一怔，回转身笑问："敢问其中一幅唐代珍品，不知真伪如何？先生慧眼，请指教一二。"

王商人笑道："那幅画为宝中之宝，实为揭裱后倒装置了。"

三爷忙问："何为倒装置？"

王商人道："所谓倒装置，即把原画揭为三层，后倒前置装裱。我猜想装裱者担心此画被人夺走，才苦心所为。此画装裱实为绝技，天下一流。论其装裱，更是绝品。古人云，画赖装池以传。果然是了。"

三爷听得迷了，就问："先生可能复原？"

王商人摇头叹息："若复原，怕是要有绝代高手才行。我家三代做收藏生意，父辈只说过有倒揭两层者的特技，不曾想还有倒揭三层者的。今日算是开了眼界。"

三爷点点头，又问一句："王先生做收藏生意，不知收藏可卖？"

王商人正色道："不敢。祖上有训，饿死不卖收藏。"

三爷微微笑了，赞叹一句："好。"就让下人把那捆字画交与王商人，"这捆画，我送与先生了。"

王商人愣住："刘先生此为何意？"

三爷郑重地再说一句："我送与先生收藏。"

"如何使得？使，使，使不得啊。"王商人惊了脸，口吃起来。

三爷叹道："我自知不久人世，已无意收藏。这些都是国宝，我身后恐家人不屑。送与先生收藏，我终于算是对得住常先生了。"就唱一个喏，转身走了。

门外已经是漫天大雪。

王商人追出门来，呆呆地看刘三爷由下人搀扶着一路去了。

雪，哑哑地落着。

四野寂寥无声。

思考与练习

一、给下列加点字注音

装裱（　　）　　茶肆（　　）　　闲聊神侃（　　）　　怔怔（　　）

半晌（　　）　　外埠（　　）　　战祸迭起（　　）　　呷（　　）

唱一个喏（　　）　　战战兢兢（　　）

二、"绝品"指的是什么？"绝"在何处？说说小说以"绝品"为题有何深意。

三、文中常先生和刘三爷这两个人物形象鲜明，请概括这两个人物的性格特征，并指出他们的人生达到了怎样的境界。

四、仔细品味下面的句子,分析它们所包含的人物心理活动

1.二人相对坐下,刚刚要举杯,马氏进来,讥笑道:"常先生果真走了眼力,卖予我家老爷一张好画。"

常先生一愣,旋即大笑起来。

2.入夜,三爷独自关在房中,把所有常先生帮他买下的字画,共二十余幅,尽挂在了房中,呆呆地看。看久了,就含了泪,叹一声。直看到天光大亮,才一一摘下,悉心收起。

3.三爷看看马氏,许久,长叹一声,无力地摆摆手:"你也不易,我不再多说了。"

4.王商人追出门来,呆呆地看刘三爷由下人搀扶着一路去了。

雪,哑哑地落着。

四野寂寥无声。

五、读读记记

1.我平生从没做过一次偶然的发明,我的一切发明,都是经过深思熟虑,严格实验的结果。　　　　　　　　　　　　——【美国】爱迪生

2.尽力做好一件事,实乃人生之首务。　　——【美国】富兰克林

13 成功的秘诀①

【奥地利】斯蒂芬·茨威格

• 课文导读 •

没有人不渴望成功,成功之于人的生命有如鲜花的点缀,那种美妙的滋味人人向往。那么,取得成功究竟需要什么条件呢?茨威格在《成功的秘诀》中为我们讲述了雕塑大师罗丹的琐碎小事。从中,他告诉了我们成功的获得需要我们忘却自己的存在,心无旁骛专心于所做之事。

罗丹在面对他的作品时忘记了时空的存在,他的全神贯注不仅让他的作品拥有了长久的生命力,更成为他人格上的闪光点,去感染、影响他身边的人。以至包括他的成功,用茨威格的话说,也是拜专注秘诀所赐。

阅读课文,看看作者是怎样刻画罗丹这一人物形象的,品味他从罗丹那里得到了什么。想想作者这种追求艺术进步、虚心学习的精神对你有什么启发。

二十五岁的时候,我在巴黎一面研究,一面写作。那时所发表的文学作品,已有不少人加以赞美,其中有些连我自己也很喜欢。但在我的内心深处,总觉得还可求其更加完美一些,虽则自己不能决定短处究竟在什么地方。

在这个时期,一位艺术大师给了我一个极大的教训。这教训初看似乎是无足轻重的小小际遇而已,事实上却是我一生写作生活的转捩点②。

---

① 选自《懒惰哲学情话》(北京燕山出版社2005年版),有改动。斯蒂芬·茨威格(1881—1942),奥地利著名作家,主要作品有《一个陌生女人的来信》《心灵的焦灼》《昨日的世界》等。
② 【转捩(liè)点】流体力学术语,就是转折点的意思。捩,扭转。

有一晚我在凡拉爱朗先生家里，他是比利时的名作家。同座有一位年长的画家，他对于雕塑艺术的退步，极表慨叹。我那时年少气盛，对于他的意见竭力反对。我说："以巴黎而论，难道我们就没有一位雕刻家足与米开朗基罗媲美吗？难道罗丹①先生雕刻的《沉思者》《巴尔扎克》，不能跟大理石的耐久力同传不朽吗？"

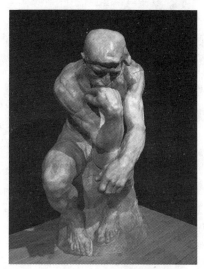

《沉思者》雕塑

我的驳辩说完之后，凡拉爱朗欣然地拍拍我的肩头。"我明天就要去拜访罗丹先生，"他说，"跟我同去。像你这样地钦佩他，就有权利跟他会会面。"

我满心的高兴。但第二天凡拉爱朗把我介绍给那位雕刻大师之后，我一个字也说不出来。他们两位老朋友谈天说地，我觉得自己好像是一个不必要的旁听者。

然而那位大艺术家是十分和善的。当我们告别的时候，他转过脸来对我说："我想你或许要看看我的雕刻作品。可惜都不在这里。但请你星期日到我梅登的乡下住宅来，并且我们可以一同用便饭。"

在罗丹朴素的乡下住宅里，我们坐在一张小桌子周围吃了一餐家常便饭。他慈祥而柔和地顾盼，他本人坦率的神情，立刻使我忘记了局促。

他的雕刻室也很简单，装着高大的窗子。里面有已经完成的雕像，更有许多石膏塑的作为试验的模型———一只膀子，一只手，有的甚至只是一个指头或一个小小关节；桌上堆满种种素描的图形。这地方显示出它的主人一生在不断研究，不断工作。

---

① 【罗丹】法国著名雕塑艺术家，代表作品有《沉思者》《雨果》《巴尔扎克》等。

罗丹套上一件白布外衣，立刻变成一个工人的样子。他在一个雕刻架前立定了。

"这是我最近的作品，"说着他揭去盖在上面的湿布，就露出一个女性的半身像来，神采焕然，那是用泥土塑的。"我觉得这已是完工的了。"

这身体魁梧、肩膀宽阔、一脸灰白胡子的老人后退了一步，侧着头细加端详："是的，我想没有什么毛病了。"

但审视了一会之后，忽又喃喃自语道："只有那肩膀上面，线条仍嫌太硬。对不起……"

他就捡起一柄塑像用的木质小刀来。小刀在柔软的泥土上轻轻拂过，使像身的肌肉产生一种更细腻的光泽。老人的手指活泼起来，眼睛里放着光芒。

"还有这里……这里……"他又修改了几处地方，再退后一步，细细观察。然后又把架子转过背来，喉咙里喃喃地发出奇怪的声音。有时他欣然微笑，有时他眉头紧皱，有时捏了一点泥，加到像身上去，又轻轻抓掉一些。

如此继续了半小时，一小时……他从没有对我说一句话。除创造他理想中的具象之外，他什么都忘记了。似乎天地间只有这工作的存在，好像上帝着手创造世界的第一天那样。

后来，他大功告成似的松了一口气，丢下小刀，把刚才的那块湿布给塑像盖上，那种小心翼翼的神情，宛如一个男人给他情侣披上披肩。然后转身向外，那魁梧的老人恢复了初见时的样子。

他还没走到门口，忽然发现了我，他一惊。直到这时候他才想起了我，刚才的失礼显然使他非常过意不去。"对不起，先生。我简直把你忘记了。但是……"我十分感激地紧紧握住了他的手。或许他也感觉到了我的情绪，所以微微笑着，举起膀子围住了我的肩头，两人一同走出那房间去。

这一天所得的教训，比我在学校里多年的用功还有益处。从此以后，知道一切人类的工作如要完善而有价值，应当是如何做法的。

一个人可以如此完全忘记了时间空间与整个世界，这个认识，使我受到空前绝后的感动。这一小时，使我把握住了一切艺术、一切事业成功的奥秘——聚精会神；集中所有的力量以完成不论大小的一件工作；把我们容易分散、容易旁骛①的意志贯注在小小的一点上。

我觉悟遗忘一切其他事物而集中意志以求完美的热忱，就是我过去所缺乏的。除了工作，好像自己都不存在，这是成功的秘诀。我现在知道，舍此以外便无神妙的方法了。

思考与练习

一、读写并理解下列词语

  1. 媲美：

  2. 转捩点：

  3. 喃喃自语：

  4. 旁骛：

二、文章运用了哪些描写方法来刻画工作中的罗丹的形象？请各举一例说明。

三、"或许他也感觉到了我的情绪，所以微微笑着，举起膀子围住了我的肩头，两人一同走出那房间去。"作者在写了自己"十分感激地紧紧握住"罗丹的手后，为什么要特意写下这几句？

---

① 【旁骛】在正业以外有所追求；不专心。骛，追求。

四、"这一小时,使我把握住了一切艺术、一切事业成功的奥秘——聚精会神;集中所有的力量以完成不论大小的一件工作;把我们容易分散、容易旁骛的意志贯注在小小的一点上。"你认为成功的奥秘是什么呢?仅仅需要认真专注就够了吗?在罗丹身上有没有什么同样值得我们去发掘、去学习的一面呢?

五、读读记记

   1.现代人最大的缺点,是对自己的职业缺乏爱心。　　——【法国】罗丹

   2.无专精则不能成,无涉猎则不能通也。　　——【中国】梁启超

◆ 第三单元 工匠精神 ◆

14 庖丁解牛①

庄 子

·课文导读·

先秦诸子中能自成一家，具有独特风格的就是庄子。鲁迅称其文章"汪洋辟阖，仪态万方，晚周诸子之作，莫能先也"。庄子的散文，想象奇特，构思巧妙，意境开阔，描绘生动，善于用寓言和比喻，具有浪漫主义的艺术风格。

本文叙议相间，层次分明。写宰牛时动作之优美，技术之高超，成功后的志得意满等，绘声绘色，如闻如见，引人入胜。语言生动形象，"目无全牛""游刃有余""踌躇满志"等成语，即出自本篇。通过阅读和理解，看看从中可得到什么启示。

庖丁为文惠君解牛②，手之所触，肩之所倚，足之所履，膝之所踦③，

---

① 选自《庄子》（岳麓书社2016年版）。庄子（公元前369—公元前286），名周，宋国蒙（今河南商丘）人，战国时期的思想家、哲学家、文学家，道家学说的主要创始人之一，老子思想的继承和发展者。后世将他与老子并称为"老庄"。他们的哲学思想体系，被思想学术界尊为"老庄哲学"。代表作品为《庄子》，名篇有《逍遥游》《齐物论》等。
② 【庖（páo）丁为文惠君解牛】庖丁：名丁的厨工。先秦古书往往以职业放在人名前。文惠君：梁惠王，也称魏惠王。解牛：宰牛，这里指把整个牛体开剥分割。
③ 【踦（yǐ）】指用一条腿的膝盖顶住。

砉然响然①，奏刀騞然②，莫不中音，合于《桑林》之舞③，乃中《经首》之会④。文惠君曰："嘻⑤，善哉！技盖至此乎⑥？"

庄子雕像

庖丁释刀对曰："臣之所好者道也，进乎技矣⑦。始臣之解牛之时，所见无非牛者。三年之后，未尝见全牛也。方今之时，臣以神遇而不以目视，官

---

① 【砉（huà）然】象声词，形容皮骨相离声。
② 【騞（huō）然】象声词，形容比砉然更大的进刀解牛声。
③ 【《桑林》】传说中商汤王的乐曲名。
④ 【乃中《经首》之会】《经首》：传说中尧乐曲《咸池》中的一章。会：音节。
⑤ 【嘻】赞叹声。
⑥ 【盖】通"盍"；亦即"何"。
⑦ 【进】超过。

知止而神欲行①。依乎天理②,批大郤③,道大窾④,因其固然⑤。技经肯綮之未尝⑥,而况大軱乎⑦!良庖岁更刀,割也⑧;族庖月更刀⑨,折也⑩。今臣之刀十九年矣,所解数千牛矣,而刀刃若新发于硎⑪。彼节者有间⑫,而刀刃者无厚,以无厚入有间,恢恢乎其于游刃必有余地矣⑬,是以十九年而刀刃若新发于硎。虽然,每至于族⑭,吾见其难为,怵然为戒⑮,视为止,行为迟。动刀甚微,謋然已解⑯,如土委地⑰。提刀而立,为之四顾,为之踌躇满志,善刀而藏之⑱。"文惠君曰:"善哉!吾闻庖丁之言,得养生焉⑲。"

---

① 【官知止而神欲行】官知:指视觉。神欲:指精神活动。

② 【天理】指牛体的自然的肌理结构。

③ 【批大郤(xì)】批:击,劈开。郤:同"隙"。

④ 【道大窾(kuǎn)】道:通"导",顺着。窾:骨节空穴处。

⑤ 【因其固然】因:依。固然:指牛体本来的结构。

⑥ 【技经肯綮(qìng)之未尝】技经:犹言经络。技,据清俞樾考证,当是"枝"字之误,指支脉。经,经脉。肯:紧附在骨上的肉。綮:筋肉聚结处。

⑦ 【軱(gū)】股部的大骨。

⑧ 【割】这里指生割硬砍。

⑨ 【族】众,指一般的。

⑩ 【折】用刀折骨。

⑪ 【而刀刃若新发于硎(xíng)】发:出。硎:磨刀石。

⑫ 【彼节者有间】节:骨节。间:间隙。

⑬ 【恢恢乎】宽绰的样子。

⑭ 【族】指筋骨交错聚结处。

⑮ 【怵(chù)然】警惧的样子。

⑯ 【謋(huò)】象声词,形容牛体骨肉分离的声音。

⑰ 【委地】散落在地上。

⑱ 【善】拭。

⑲ 【养生】指养生之道。

思考与练习

一、课文中能代表庖丁观点的是哪一句话？

二、庖丁解牛经过三个阶段，请用课文中的原句回答
　　（1）第一阶段：
　　（2）第二阶段：
　　（3）第三阶段：

三、根据课文中的几句话，写出所衍生出来的成语
　　（1）三年之后，未尝见全牛也。（　　　　　）
　　（2）方今之时，臣以神遇而不以目视，官知止而神欲行。（　　　　　）
　　（3）以无厚入有间，恢恢乎其于游刃必有余地矣。（　　　　　）
　　（4）提刀而立，为之四顾，为之踌躇满志，善刀而藏之。（　　　　　）

四、这个故事告诉我们什么样的道理？

五、读读记记
　　1. 精诚所至，金石为开。　　　　　　　　　　——【中国】战国·庄子
　　2. 天下难事，必作于易；天下大事，必作于细。　——【中国】春秋·老子

15 品质①

【英国】约翰·高尔斯华绥

• 课文导读 •

本文写于1911年，作者描写的当时英国社会，资本主义经济已经发展到一定的程度，人们追求享乐时髦，世俗的眼光衡量一切的标准就是金钱和利益。现代社会机器大生产几乎完全取代了原始的手工业生产，大公司行业垄断"大鱼吃小鱼"的情况愈演愈烈。在行业竞争日益激烈的情形下，为了追求更大的经济利益，一些公司采用一些不符实际的广告招揽顾客，而为了追求剩余价值的最大化，商品的真正质量却在下降。一部分人于是对被挤压到社会边缘的传统的手工业无限怀念，因为这些小本经营都实实在在、童叟无欺、质朴而踏实。

人类社会之所以始终存在希望，就是因为有像格斯拉一样恪守职业道德的人在，他们以正直、诚实的品格守护社会的良知和公正。小说以"品质"为题，目的正是以此来呼唤良知，呼唤公正。

我很年轻时就认识他了，因为他承做我父亲的靴子。他和他哥哥合开一爿②店，店房有两间打通的铺面，开设在一条横街上——这条街现在已经不

---

① 选自《诺贝尔文学奖获奖作家短篇小说精品》（百花洲文艺出版社2015年版），稍有改动。约翰·高尔斯华绥（1867—1933），英国批判现实主义作家，主要作品有《福尔赛世家》《现代喜剧》《有产业的人》等。1932年获诺贝尔文学奖。

② 【爿（pán）】商店、工厂等一家叫一爿。

存在了,但是在那时,它却是坐落在伦敦西区的一条新式街道。

那座店房有某种素净的特色,门面上没有注明任何为王室服务的标记,只有包含他自己日耳曼姓氏的"格斯拉兄弟"的招牌;橱窗里陈列着几双靴子。我还记得,要想说明橱窗里那些靴子为什么老不更换,我总觉得很为难,因为他只承做定货,并不出售现成靴子;要是说这些都是他做得不合脚因而被退出来的靴子,那似乎是不可想象的。是不是他买了那些靴子来做摆设的呢?这好像也不可思议。把那些不是亲手做的皮靴陈列在自己的店里,他是决不能容忍的。而且,那几双靴子太美观了——有一双轻跳舞靴,细长到非言语所能形容的地步;那双带布口的漆皮靴,叫人看了舍不得离开;还有那双褐色长筒马靴,闪着怪异的黑而亮的光辉,虽然是簇新①的,看来好像已经穿过一百年了。只有亲眼看过靴子灵魂的人才能做出那样的靴子——这些靴子体现了各种靴子的本质,确实是模范品。我当然在后来才有这种想法,不过,在我大约十四岁那年,我够格去跟他定做成年人靴子的时候,对他们两兄弟的品格就有了些模糊的印象。因为从那时起一直到现在,我总觉得,做靴子,特别是做像他所做的靴子,简直是神妙的工艺。

我清楚地记得:有一天,我把幼小的脚伸到他跟前时,羞怯地问道:"格斯拉先生,做靴子是不是很难的事呢?"

他回答说:"这是一种手艺。"从他的含讽带刺的红胡根上,突然露出了一丝的微笑。

他本人有点儿像皮革制成的人:脸庞黄皱皱的,头发和胡须是微红和鬈曲的,双颊和嘴角间斜挂着一些整齐的皱纹,话音很单调,喉音很重;因为皮革是一种死板板的物品,本来就有点僵硬和迟钝。这正是他的面孔的特征,只有他的蓝灰眼睛含蓄着朴实严肃的风度,好像在迷恋着理想。他哥哥虽然

---

① 【簇(cù)新】极新,全新。

由于勤苦在各方面都显得更瘦弱、更苍白，但是他们两兄弟却很相像，所以我在早年有时候要等到跟他们定好靴子的时候，才能确定他们到底谁是谁。后来我搞清楚了：如果没有说"我要问问我的兄弟"，那就是他本人；如果说了这句话，那就是他哥哥了。

一个人年纪大了而又荒唐起来以至于赊账的时候，不知怎么的，他决不赊格斯拉兄弟俩的账。如果有人拖欠他几双——比如说——两双以上靴子的价款，竟心安理得地确信自己还是他的主顾，所以走进他的店铺，把自己的脚伸到那蓝色铁架眼镜底下，那就未免有点儿太不应该了。

人们不可能时常到他那里去，因为他所做的靴子非常经穿，一时穿不坏的——他好像把靴子的本质缝到靴子里去了。

人们走进他的店堂，不会像走进一般店铺那样怀着"请把我要买的东西拿来，让我走吧"的心情，而是心平气和地像走进教堂那样。来客坐在那张仅有的木椅上等候，因为他的店堂里从来没有人的。过了一会儿，可以看到他的或他哥哥的面孔从店堂里二楼楼梯口往下边张望——楼梯口是黑洞洞的，同时透出沁人脾胃的皮革气味。随后就可以听到一阵喉音，以及趿[①]着木皮拖鞋踏在窄狭木楼梯上的踢踏声；他终于站在来客的面前，上身没有穿外衣，背有点儿弯，腰间围着皮围裙，袖子往上卷起，眼睛眨动着——像刚从靴子梦中惊醒过来，或者说，像一只在日光中受了惊动因而感到不安的猫头鹰。

于是我就说："你好吗，格斯拉先生？你可以给我做一双俄国皮靴吗？"

他会一声不响地离开我，退回到原来的地方去，或者到店堂的另一边去；这时，我就继续坐在木椅上休息，欣赏皮革的香味。不久后，他回来了，细瘦多筋的手里拿着一张黄褐色皮革。他眼睛盯着皮革对我说："多么美的一张皮啊！"等我也赞美一番以后，他就继续说："你什么时候要？"我回答

---

① 【趿（tā）拉】把鞋后帮踩在脚后跟下。

说：“啊！你什么时候方便，我就什么时候要。"于是他就说："半个月以后，好不好？"如果答话的是他的哥哥，他就说："我要问问我的弟弟。"然后，我会含糊地说："谢谢你，再见吧，格斯拉先生。"他一边说"再见"，一边继续注视手里的皮革。

我向门口走去的时候，就又听到他的趿拉着木皮拖鞋的踢踏声把他送回到楼上去做他的靴子梦了。但是假如我要定做的是他还没有替我做过的新式样靴子，那他一定要照手续办事了——叫我脱下靴子，把靴子老拿在手里，以立刻变得又批评又爱抚的眼光注视着靴子，好像在回想他创造这双靴子时所付出的热情，好像在责备我竟这样穿坏了他的杰作。以后，他就把我的脚放在一张纸上，用铅笔在外沿上描上两三次，跟着用他的敏感的手指来回地摸我的脚趾，想摸出我要求的要点。

有一天，我有机会跟他谈了一件事，我忘不了那一天。我对他说："格斯拉先生，你晓得吗，上一双在城里散步的靴子咯吱咯吱地响了。"

他看了我一下，没有作声，好像在盼望我撤回或重新考虑我的话，然后他说：

"那双靴子不该咯吱咯吱地响呀。"

"对不起，它响了。"

"你是不是在靴子还经穿的时候把它弄湿了呢？"

"我想没有吧。"

他听了这句话以后，蹙蹙①眉头，好像在搜寻对那双靴子的回忆；我提起了这件严重的事情，真觉得难过。

"把靴子送回来！"他说，"我想看一看。"

由于我的咯吱咯吱响的靴子，我内心里涌起了一阵怜悯的感情；我完全

---

① 【蹙（cù）】皱（眉头）；收缩。

可以想象到他埋头细看那双靴子时的历久不停的悲伤心情。

"有些靴子，"他慢慢地说，"做好的时候就是坏的。如果我不能把它修好，就不收你这双靴子的工钱。"

有一次（也只有这一次），我穿着那双因为急需才在一家大公司买的靴子，漫不经心地走进他的店铺。他接受了我的定货，但没拿皮革给我看；我可以意识到他的眼睛在细看我脚上的次等皮革。他最后说：

"那不是我做的靴子。"

他的语调里没有愤怒，也没有悲哀，连鄙视的情绪也没有，不过那里面却隐藏着可以冰冻血液的潜在因素。为了讲究时髦，我的左脚上的靴子有一处使人很不舒服；他把手伸下去，用一个手指在那块地方压了一下。

"这里痛吧，"他说，"这些大公司真不顾体面。可耻！"跟着，他心里好像有点儿沉不住气了，所以说了一连串的挖苦话。我听到他议论他的职业上的情况和艰难，这是唯一的一次。

"他们把一切垄断了，"他说，"他们利用广告而不靠工作把一切垄断去了。我们热爱靴子，但是他们抢去了我们的生意。事到如今——我很快就要失业了。生意一年年地清淡下去——过后你会明白的。"我看看他满是褶皱的面孔，看到了我以前未曾注意到的东西：惨痛的东西和惨痛的奋斗——他的红胡子好像突然添上好多花白须毛了！

我尽一切可能向他说明我买这双倒霉靴子时的情况。但是他的面孔和声调使我获得很深刻的印象，结果在以后几分钟里，我定了许多靴子。这下可糟了！这些靴子比以前的格外经穿。差不多穿了两年，我也没想起要到他那里去一趟。

后来我再去他那里的时候，我很惊奇地发现：他的店铺外边的两个橱窗中的一个漆上了另外一个人的名字——也是个靴匠的名字，当然是为王室服务的啦。那几双常见的旧靴子已经失去了孤高的气派，挤缩在单独的橱窗里了。

在里面,现在已缩成了一小间,店堂的楼梯井口比以前更黑暗、更充满着皮革气味。我也比平时等了更长的时间,才看到一张面孔向下边窥视,随后才有一阵趿拉着木皮拖鞋的踢踏声。最后,他站在我的面前,他透过那副生了锈的铁架眼镜注视着我说:

"你是不是——先生?"

"啊!格斯拉先生!"我结结巴巴地说,"你要晓得,你的靴子实在太结实了!看,这双还很像样呢!"我把脚向他伸过去。他看了看这双靴子。

"是的,"他说,"人们好像不要结实靴子了。"

为了避开他的带责备的眼光和语调,我赶紧接着说:"你的店铺怎么啦?"

他安静地回答说:"开销太大了。你要做靴子吗?"

虽然我只需要两双,我却向他定做了三双;我很快就离开了那里。我有一种难以描述的感觉,以为他的心里把我看成对他存坏意的一分子;也许不一定跟他本人作对,而是跟他的靴子理想作对。我想,人们是不喜欢那样的感觉的。因为过了好几个月以后,我又到他的店铺里去,我记得,我去看他的时候,心里有这样的感觉:"呵!怎么啦,我撇不开这位老人——所以我就去了!也许会看到他的哥哥呢!"

因为我晓得,他哥哥很老实,甚至在暗地里也不至于责备我。

我的心安下了,在店堂出现的正是他的哥哥,他正在整理一张皮革。

"啊!格斯拉先生,"我说,"你好吗?"

他走近我的跟前,盯着看我。

"我过得很好,"他慢慢地说,"但是我哥哥死掉了。"

我这才看出来,我所遇到的原来是他本人——但是多么苍老,多么消瘦啊!我以前从没听他提到他的哥哥。我吃了一惊,所以喃喃地说:"啊!我为你难过!"

"的确,"他回答说,"他是个好人,他会做好靴子;但是他死掉了。"

他摸摸头顶，我猜想，他好像要表明他哥哥死的原因；他的头发突然变得像他的可怜哥哥的头发一样稀薄了。"他失掉了另外一间铺面，心里老是想不开。你要做靴子吗？"他把手里的皮革举起来说，"这是一张美丽的皮革。"

我定做了几双靴子。过了很久，靴子才送到——但是这几双靴子比以前的更结实，简直穿不坏。不久以后，我到国外去了一趟。

过了一年多，我才又回到伦敦。我所去的第一个店铺就是我的老朋友的店铺。我离去时，他是个六十岁的人，我回来时，他仿佛已经七十五岁了，显得衰老、瘦弱，不断地发抖，这一次，他起先真的不认识我了。

"啊！格斯拉先生，"我说，心里有些烦闷，"你做的靴子好极啦！看，我在国外时差不多一直穿着这双靴子的；连一半也没有穿坏呀，是不是？"

他细看我这双俄国皮靴，看了很久，脸上似乎恢复了镇静的气色。他把手放在我的靴面上说：

"这里还合脚吗？我记得，费了很大劲才把这双靴子做好。"

我向他确切地说明：那双靴子非常合脚。

"你要做靴子吗？"他说，"我很快就可以做好；现在我的生意很清淡。"

我回答说："劳神，劳神！我急需靴子——每种靴子都要！"

"我可以做时新的式样。你的脚恐怕长大了吧。"他非常迟缓地照我的脚形画了样子，又摸摸我的脚趾，只有一次抬头看着我说：

"我哥哥死掉了，我告诉过你没有？"

他变得衰老极了，看了实在叫人难过；我真高兴离开他。

我对这几双靴子并不存什么指望，但有一天晚上靴子送到了。我打开包裹，把四双靴子排成一排；然后，一双一双地试穿这几双靴子。一点问题也没有。不论在式样或尺寸上，在加工或皮革质量上，这些靴子都是他给我做过的最好的靴子。在那双城里散步穿的靴口里，我发现了他的账单。单上所开的价钱与过去的完全一样，但我吓了一跳。他从来没有在四季结账日以前把账单开来的。我飞快地跑下楼去,填好一张支票,而且马上亲自把支票寄了出去。

一个星期以后,我走过那条小街,我想该进去向他说明:他替我做的新靴子是如何的合脚。但是当我走近他的店铺所在地时,我发现他的姓氏不见了。橱窗里照样陈列着细长的轻跳舞靴、带布口的漆皮靴以及漆亮的长筒马靴。

我走了进去,心里很不舒服。在那两间门面的店堂里——现在两间门面又合而为一了——只有一个长着英国人面貌的年轻人。

"格斯拉先生在店里吗?"我问道。

他诧异的同时讨好地看了我一眼。

"不在,先生,"他说,"不在。但是我们可以很乐意地为你服务。我们已经把这个店铺过户过来了。毫无疑问,你已经看到隔壁门上的名字了吧。我们替上等人做靴子。"

"是的,是的,"我说,"但是格斯拉先生呢?"

"啊!"他回答说,"死掉了!"

"死掉了?但是上星期三我才收到他给我做的靴子呀!"

"啊!"他说,"真是怪事。可怜的老头儿是饿死的。"

"慈悲的上帝啊!"

"慢性饥饿,医生是这样说的!你要晓得,他是这样去做活的!他想把店铺撑下去;但是除自己以外,他不让任何人碰他的靴子。他接了一份定货后,要费好长时间去做它。顾客可不愿等待呀。结果,他失去了所有的顾客。他老坐在那里,只管做呀做呀——我愿意代他说句话——在伦敦,没有一个人可以比他做出更好的靴子,而且还要亲自做。好啦,这就是他的下场。照他的想法,你对他能有什么指望呢?"

"但是饿死——"

"这样说,也许有点儿夸张——但是我自己知道,他从早到晚坐在那里做靴子,一直做到最后的时刻。你知道,我往往在旁边看着他。他从不让自己有吃饭的时间；店里从来不存一个便士。所有的钱都用在房租和皮革上了。他怎么能活得这么久，我也莫名其妙。他经常断炊。他是个怪人。但是他做了顶好的靴子。"

"是的，"我说，"他做了顶好的靴子。"

思考与练习

一、试用简洁的语言复述故事的内容。

二、本文的主人公是谁？他具有怎样的性格特点？

三、当"我"得知格斯拉先生被饿死的时候，"我"的心情是怎样的？你是怎么看待这件事的？

四、读读记记

1. 人生的真正欢乐是致力于一个自己认为是伟大的目标。

——【英国】萧伯纳

2. 守其初心，始终不变。

——【中国】宋·苏轼

口语交际训练：即兴演讲

即兴演讲是指演讲者在事先未作书面准备的情况下，对眼前的情境有所感触，临时发生兴致，或者被当下的情势所激发，产生说话的冲动而即席当众发表的演讲。一般说来，它具有时间上的紧迫性、情境上的被动性、内容上的多样性、表达上的即时性等特点，是一个人演讲能力、口才水平的真正体现。

好的即兴演讲，关键在于快速思维。要快速找到话题、快速组织材料、快速构思成篇、快速实施演讲。要从主旨入手，明确话题的指向性；要反观内心积淀，找准感情的爆发点；要由身边事物引发，捕捉巧妙的切入点；要从听众的需求出发，抓住听众的共鸣点。

一、即兴演讲的分类

即兴演讲是一种事先无准备的演讲，可以分为生活场景式即兴演讲和命题式即兴演讲两种。

（1）生活场景式即兴演讲是从现场欢迎、欢送、祝贺、哀悼、竞选、就职、联欢、答谢等出发所作的演讲。演讲内容可以根据现场气氛、中心事件和听众对象来决定。

（2）命题式即兴演讲带有训练、测试和比赛性质，演讲内容受所抽题目的制约，而受现场气氛和听众对象的制约较少。命题式即兴演讲成功的关键在于审题和取材。

二、即兴演讲的技巧

1."借题发挥"法

即借现场之题进行发挥,可以"借事发挥",可以"借物发挥",也可以"借景发挥",这样的即兴演讲朴实、自然,会收到意想不到的现场效果,是生活场景式即兴演讲常用的方法。"借题发挥"时,要求思维与表达是同步的,必须尽快地确定即兴演讲的主题,有了明确的主题,说起来才可能既放得开又收得拢,既言之成理又言之成篇。

2."散点连缀"法

是演讲者在一时找不到话题的情况下,采取的一种"应急"的方法。较适合于生活场景即兴演讲。在特定的语言环境作即兴演讲,在紧张的选材构思时,人的头脑中会出现很多散乱的思维点,演讲时要捕捉住这些思维点,从这些点的关系中确定一个中心,并用它连缀这些点,与主题无关的全部舍去,当表达形成后,就可以开始讲话了。

3."模式构思"法

即以一个基本模式框架作为快速构思的依据,使即兴演讲既符合人们的思维习惯,又能使话题集中,把信息传达清楚。这是使即兴演讲言之有序、言之有物的有效方法,生活场景式即兴演讲和命题式即兴演讲都适用。如"三么"框架构思模式:在即兴演讲前短暂的准备时间里,快速思考三个最基本的问题,即"是什么""为什么""怎么办"。又如"三点归纳式"构思模式:第一点,归纳前面所有讲话人的要点;第二点,提前面某个或某些讲话人的特点;第三点,捕捉前面某个或某些讲话人的闪光点。可根据现场需要择要使用。

4."扩句成篇"法

即开门见山的构思方法,把所命题目作为一个论述的中心加以展开。较适合于命题式即兴演讲。

下面是著名主持人白岩松在江西财经大学的即兴演讲,我们一起学习体会一下。

【案例】

没有一代人的青春是容易的[①]

白岩松

各位财大的同学:

下午好!

好了,接下来,就让我出声,你们就不用出声了(众笑)。

看到热气腾腾的这个场面,就想起自己的大学生涯,对我来说,大学是一生当中最美好的四年。前天晚上在广州,因为做亚残运会的志愿者,我们大学的几个同学,即使很晚,也要一聚,因为他们是你一生的朋友。

第一个,在大学里一定要珍惜、维系和发展那种一辈子很难遇到的集体的友情。舒婷有一句话叫"人到中年,友情之树和头发的多少成正比,友情之树日渐凋零"。但是,在大学里面所结下来的同学情谊,可以贯穿一生。

我既不同意更不反对大学期间谈恋爱,但是千万不要丢掉大学四年在你这一生里无法复制的这种集体友情。即使你在谈恋爱,也要融入集体当中,去分享那种骑十几公里或几十公里自行车去踏青,一帮人昏天黑地地打牌,考试前一起临阵磨枪的这样一种记忆。

第二个,在大学期间一定要锤炼自己非常坚强的心理素养。我们总谈一个人业务素质很高、身体素质很好,但我衡量一个人经常是用心理素质去衡量,一个心理素质足够强的人才可能成功。在大学的时候你会面对失败吗?你学会面对成功吗?我工作这么多年,回头去看,是有一颗还比较强大的心脏帮了我足够多的忙。我也有机会看年轻人的成长,有的时候会很好奇,哪些人

---

① 选自《幼儿教师语言表达技能训练教程》(复旦大学出版社2013年版),稍有改动。

更容易成功,而哪些人不可以。到最后就发现,心理素质足够强的人容易成功。因为打击对于心理素质不好的人,会演变成一种自卑、压抑;对于心理素质足够强的人,反而越挫越勇。拥有一颗还算强大的心脏,这是将来走向社会的必备条件,而不是你可以选择的条件。

(挤在会场外面的人太多,白岩松中断演讲问:"外面还有多少人?如果你们愿意,台上可以容纳三百多人,大学应该不拘一格。"结果外面听众欢呼涌入,讲台上坐满了人)

第三个,大学期间一定要学会用脑子开始思维。我们走进大学校园的时候,跟同龄人是没有区别的,是什么让你们在四年后发生了很大的区别?学校里专业的设置与其说是给你们专业知识,不如说让你们习惯用专业的思维方式去观察这个世界。大学毕业后,我已经习惯了用新闻人的眼睛去看待这个世界;我有的同学学法律,他们已经学会用法律人的眼光去看待这个世界;而学理工科的同学,会用理工科的方式去看待这个世界。

人的收入和社会地位跟什么成正比呢?跟你的不可替代性是成正比的。不可替代性强,获取自己更加稳定的位置和前进的速度就更快,但如果你随时可以被替代就很难。我们有的人工作非常辛苦,但是一个月挣的工资很低。比尔·盖茨经常飞来飞去还打牌,却那么有钱。没办法,这个世界上只有一个比尔·盖茨。而很辛苦的那些工作,随便把我们拽过去培训不到一天,立即就可以从事那工作,也就是不可替代性太弱。

不可替代性需要你拥有一个独立的人格和独立的思维方式,需要你做出与众不同的事情来。我们经常说我也能和别人一样,但你能做到别人无法和你一样吗?比如说干新闻的,每天对我们的考验都是拥有独家新闻。但现在这个时代,新闻没有越来越强的独家占有的可能,拼的是什么?拼的就是在传播和发布新闻当中,你的竞争性强吗,你的独特性强吗,你的思维和语言表达具不具备足够的吸引力?这就是挑战,这就是竞争,都跟思维方式有很大很大的关系。

第四个，学习、工作和未来之间的关系。我曾经见到一个年纪很小的孩子来实习，我问："校友？""校友，广播学院的。""几年级？""一年级。""从明天开始本单位不接受你实习，回去上课。"我当时还是有点小权力的，把他撵走了，我不能够接受刚上大学一年级的孩子就开始实习。

你知道你要什么吗？你知道你需要填充什么吗？你不能够拥有一个系统的专业的训练，包括知识的训练、思维方式的训练的时候，实践对于你是没有意义的。

我知道现在有相当多的大学生心猿意马，总觉得要尽早地去实践，好像就跟未来的工作建立了关系；有相当多的学校大四的毕业实习和论文形同虚设。我们在上大学的时候，毕业实习是由学校统一安排的，并且毕业实习鉴定成为我们很重要很在意的东西。而现在很多的学校管理不严，导致学生毕业实习的时候是放羊的状态。如果我们的大学为社会提供的都是有残缺的作品，社会又怎么会这么放松地接纳你们呢？

我想说的是，没有必要一开始，在你的理论、你的思维方式以及你的专业知识，都补充不够的情况下，就急于去实践。工作、婚姻、恋爱和成功都非常非常相似，它是一个自然而然的结果，过程做得好必有好结果。为什么不用去做好一个过程的方式，求得一定还不错的结果呢？

第五个，你终将要面对社会，社会需要的并不是拿了就能用的成品，而是需要可成长、可进步、可学习的这种人。我多次参加过招聘，我从来不看他现在所达到的水准，我看的是他具没具有再生长的空间。我2003年招聘的时候，一个重要的条件就是没有看过电视的优先。为什么？因为媒体会进入一个跨媒体的时代，你不会电视，我可以教你啊，但你仅仅会电视而不会其他，我如何教你呢？我不要求你来了立即就成为师傅，你可以是我的学生，但你将来有机会成为师傅。那批招进来的,新华社的有,报纸的有,各行各业的都有,其中也有一部分电视的。这些人现在是我们的中坚力量，而且非常好用。

其次，我特别在意心理素养。我得知道这哥儿们抗打击能力强不强，这姐儿们是不是一有了挫折就给我哭。为什么柴静在一篇博客上说，白岩松有一天告诉我，你不要穿裙子上班。我是在悄悄地提醒她，你是一个新闻人！新闻人出差的地方，山崩、地震、矿难随时会发生。有一次，柴静来了以后，我告诉她，请赶紧回家，收拾行李，一个小时之后，西源机场起飞，青海地震。这个时候，对我们来说是没有性别概念的。所以，心理素质是非常非常重要的，莫斯科不相信眼泪，其实工作也不相信。

另外，我衡量一个人的新闻素养，不仅仅是看他抗打击能力强不强，我还要看他抗表扬的能力也是不是足够强。有相当多的人不是折在挫折上，而是折在头一两次的成功上。头一两次的成功，飘飘然了，原本有一个还不错的上升空间，就被他自己给堵住了。

有人问，你用什么数据来看一个人是不错的？我凭直觉，我能感觉出，他是一个什么样的人。需要合作的时候，只有人格、人性相当不错的人，才有可能进入合作的团队当中，才可以激励别人，也被别人激励。所以做人是人一生中永远也无法改行的行业。

时代不管怎么变迁，终归衡量人的标准变化不大。1993年我曾问过上海的一位哲学家，为什么现在的医学、科技等各方面的进步都如此之快，但人们仍然需要一二百年前的音乐去抚慰心灵？哲学家就回答了一句话：人性的进步是很慢很慢的。

有一个人很逗地问过我，你既然没有发过邮件、打过电脑，你怎么就知道犀利哥呢？唉，我当时就特别同情这个朋友，我说这是一种什么样的思维方式呢？——非黑即白、非对即错、非好即坏。会打电脑固然可以，对我来说，我已经习惯了写字跟思维之间这种同步的速度。我之所以不打电脑，是因为我等不及我的脑子，它更快。

说到思维方式的时候，也要从一种传统的禁锢中走出来，必须得改变"这人是好人，那人是坏人"的想法。温文尔雅的人依然会有不齿于展现在大众面前的怪癖，你亦如此。如果把每一个青年成长的过程，都告诉他们父母的话，父母会感觉到惊心动魄的。我从来没有告诉过我妈我偷着喝酒、抽烟、旷课等很多不好的事情，身边的人也都是如此。为什么我们都这样了，还要去衡量别人百分之百的好还是百分之百的坏呢？

最后一个，我想跟大家分享的是，离开大学校园，我们要带着什么去走向社会呢？上大学的时候，我与你们一样，都浪漫地憧憬着大学生活，大学之所以美好是因为我们有这样的梦想。但是当你真正走进生活的时候，你会发现幸福的事是百分之五，痛苦的是百分之五，剩下的百分之九十都是平淡的，日复一日。而聪明人会善于把这百分之九十的平淡转化为幸福，不聪明的人会善于把这百分之九十的平淡往痛苦那靠。

我给你描述一个婚后的状态：老公在那儿看电视，拿着遥控器在那儿看报纸；夫人在那儿织毛衣，偶尔看下电视；孩子在那儿写作业，一晚上没多少话。一会儿泡完脚说，睡吧。我问这种状况怎么样？很多大学生说，快离了吧。但是，我想告诉你的是，对于相当多的四五十岁的人来说，这是能想象的一种最幸福的生活。生活不会是天天放礼花的，礼花之所以好看是偶尔放一下，天天放的话，受不了。

前两天公布了一个中国人的婚恋状况报告，说百分之七十的女性要求对方必须有房，希望对方有房才能结婚，男性百分之五十。我觉得百分之百的女性都希望有房，而现实生活中，不会百分之百的男人都有房。不会，中国永远都做不到。那么中国的女性都单身了吗？（全场大笑）

人们总会因为一些其他的因素而结合的，就像我跟我的夫人也是在居无定所、前景不明朗的时候结合的，但是那是我们最幸福的时光。非常简单去想，就能够把平淡过成不平淡的滋味。其实我绝大多数的时间极其平淡，报题、想选题、看报纸、做直播，然后回家，大致如此。

　　生活就是这样，只有做好了迎接平淡的准备，才有可能创造属于你自己的辉煌；如果认为生活都该是辉煌的，那就注定平凡。有很多人问我，白岩松你是不是现在成功了呢？我一直都喜欢跳高，并不是因为我擅长跳高，而是因为它像人生的一种比喻。你有没有发现跳高的一个特点：越过了一个高度，就一定要摆上新的高度。即使当所有的竞争对手都没了，他已经是冠军了，他一定要再升一厘米，过了他就会还要再升。也就是说，他一定要以最后一跳的失败来宣告自己的成功。我觉得这太像人生了，人最理想的一辈子，就是以最后一跳的失败来宣告自己的成功！

　　很多人在说，现在年轻人不容易。我非常理解，全社会应该关爱你们，但是，不必溺爱。有人说，我们现在买不起房子，我们太痛苦了。谁说二十七八岁的人就可以买得起房子了？日本等国家一般是四十来岁才可能拥有自己比较稳定的住房，中国人就非常性急。本人拥有自己第一套房子的时候，都32岁了，是在租了八年的房子之后，连我们的孩子都是在流浪的路途中生的。你说，哪一代人的青春容易？没有一代人的青春是容易的！

　　我们在上大学的时候流行的一首诗的第一句就是"21岁我们走出青春的沼泽地"。可见，大家也正在沼泽地里。所以，去放大青春中那些最美好的东西，去享受这个日子，把平淡的日子往幸福那靠；所以，期待你们的将来。

练一练

　　1. 假设实习期结束了，你们马上要上班了。某单位的人力资源部决定召开一个欢迎会，请你作为学生代表在欢迎会上作一次即兴演讲。

　　2. 为提高同学们的演讲水平，学校正在组织命题式即兴演讲比赛。你作为本班的参赛代表，抽到的题目是《当我遇到挫折的时候》，三分钟准备，三分钟演讲。

单元导语

青春,对于人生来说:短暂,却永恒;美好,而充满遗憾;易逝,然分外重要。也正因为如此,青春这个主题在古今中外文人的作品中,总是荡漾着赞美眷恋、珍惜劝勉、憧憬迷惘的情愫,或振奋人心、或发人深思、或回味无穷。同学们正值青春,读一读过来人心中的"青春"模样,定会受益良多。

《青年是国家的未来和民族的希望》选自《习近平关于青少年和共青团工作论述摘编》,同学们要认真学习领会、认真践行。《<青春>诗二首》中,以书来比喻青春,席慕蓉是诗界中的第一人,所谓"人人心中有,个个笔下无",让人们既有感于青春的蕴藉无穷,又深感它的仓促易逝。塞缪尔·厄尔曼的《青春》则是一首享誉全球的著名诗篇,诗人年届70才开始写作,本文就是他凭借丰富的社会阅历和人生体验对"青春"的最好诠释。《十八岁和其他——贺长子东东生日》,是台湾作家杨子送给儿子东东的成人礼。杨子同儿子的对话采用了一种平视的话语方式,用坦诚的方式与儿子交流讨论了关于青春来临时诸多问题的面对和解决。《做一个战士》是巴金为青年们而写的一篇鼓舞士气、激励斗志的文章。文章以真挚激昂的情感、简洁凝练的语言,激励今天的我们仍需以战士的精神和姿态,面对生活和未来。《哦,香雪》这篇小说,刻画了我国改革开放初期,在一座几乎与世隔绝、物质文化生活极其落后的大山深处的小山村中,生活着的以香雪为代表的,一群血管里躁动着青春的炽热,渴望和追求现代文明的年轻姑娘群像。

本单元基础写作为记叙文(写景状物),介绍了写景状物记叙文的写作技巧,通过理论介绍与例文示范紧密结合的方式,提高学生的文字表达能力。

16 青年是国家的未来和民族的希望[①]

习近平

・课文导读・

"芳林新叶催陈叶,流水前波让后波。"党的十八大以来,以习近平总书记为核心的党中央,高度重视青少年和共青团工作,亲切关怀青少年健康成长。在党的十九大期间,中共中央文献研究室编辑了《习近平关于青少年和共青团工作论述摘编》,集中了习近平总书记围绕青少年和共青团工作发表的一系列重要论述,指明了当代青少年健康成长的正确道路,明确了青年一代的时代责任、历史使命。本文节选其中三个篇章,分别从青少年是国家的未来和民族的希望,为实现中华民族伟大复兴的中国梦而奋斗是中国青年运动的时代主题,勇做走在时代前列的奋进者、开拓者、奉献者三个层面学习践行习近平同志青年工作思想。

阅读全文,认真领会习近平总书记青年时期的奋斗感悟与切身体验、背后蕴含着知行合一所带来的强大理论说服力和实践穿透力。

一、青少年是国家的未来和民族的希望

历史和现实都告诉我们,青年一代有理想、有担当,国家就有前途,民族就有希望,实现我们的发展目标就有源源不断的强大力量。

[①] 选自《习近平关于青少年和共青团工作论述摘编》(中央文献出版社2017年版)。全书摘自习近平总书记2012年11月29日至2017年5月3日期间的讲话、演讲、批示、贺信、回信等40多篇重要文献。题目为编者所加。

第四单元 活力青春

展望未来，我国青年一代必将大有可为，也必将大有作为。这是"长江后浪推前浪"的历史规律，也是"一代更比一代强"的青春责任。广大青年要勇敢肩负起时代赋予的重任，志存高远，脚踏实地，努力在实现中华民族伟大复兴的中国梦的生动实践中放飞青春梦想。

青年最富有朝气、最富有梦想，青年兴则国家兴，青年强则国家强。

青年是国家和民族的希望，创新是社会进步的灵魂，创业是推动经济社会发展、改善民生的重要途径。青年学生富有想象力和创造力，是创新创业的有生力量。

时间之河川流不息，每一代青年都有自己的际遇和机缘，都要在自己所处的时代条件下谋划人生、创造历史。青年是标志时代的最灵敏的晴雨表，时代的责任赋予青年，时代的光荣属于青年。

我相信，当代中国青年一定能够担当起党和人民赋予的历史重任，在激扬青春、开拓人生、奉献社会的进程中书写无愧于时代的壮丽篇章！

未来总是属于年青人的。拥有一大批创新型青年人才，是国家创新活力之所在，也是科技发展希望之所在。

"士不可以不弘毅，任重而道远。"① 国家的前途，民族的命运，人民的幸福，是当代中国青年必须和必将承担的重任。

世界的未来属于年轻一代。全球青年有理想、有担当，人类就有希望，推进人类和平与发展的崇高事业就有源源不断的强大力量。

实现中华民族伟大复兴的中国梦，需要一代又一代有志青年接续奋斗。青年人朝气蓬勃，是全社会最富有活力、最具有创造性的群体。党和人民对广大青年寄予厚望。

---

① 【士不可以不弘毅，任重而道远】出自《论语·泰伯》中曾子说的一句话。意思是读书人必须有远大的抱负和坚强的意志，因为他对社会责任重大，要走的路很长。

中国的未来属于青年,中华民族的未来也属于青年。青年一代的理想信念、精神状态、综合素质,是一个国家发展活力的重要体现,也是一个国家核心竞争力的重要因素。

二、为实现中华民族伟大复兴的中国梦而奋斗是中国青年运动的时代主题

每个人都有理想和追求,都有自己的梦想。现在,大家都在讨论中国梦,我以为,实现中华民族伟大复兴,就是中华民族近代以来最伟大的梦想。这个梦想,凝聚了几代中国人的夙愿,体现了中华民族和中国人民的整体利益,是每一个中华儿女的共同期盼。历史告诉我们,每个人的前途命运都与国家和民族的前途命运紧密相连。国家好、民族好,大家才会好。实现中华民族伟大复兴是一项光荣而艰巨的事业,需要一代又一代中国人共同为之努力。

青年最富有朝气、最富有梦想。近代以来,我国青年不懈追求的美好梦想,始终与振兴中华的历史进程紧密相连。在革命战争年代,广大青年满怀革命理想,为争取民族独立、人民解放冲锋陷阵、抛洒热血。在社会主义革命和建设时期,广大青年响应党的号召,向困难进军,向荒原进军,保卫祖国,建设祖国,在新中国的广阔天地忘我劳动、艰苦创业。在改革开放历史新时期,广大青年发出团结起来、振兴中华的时代强音,为祖国繁荣富强开拓奋进、锐意创新。

中国梦是我们的,更是你们青年一代的。中华民族伟大复兴终将在广大青年的接力奋斗中变为现实。

现在,我们比历史上任何时期都更接近实现中华民族伟大复兴的目标,比历史上任何时期都更有信心、更有能力实现这个目标。行百里者半九十[①]。距离实现中华民族伟大复兴的目标越近,我们越不能懈怠,越要加倍努力,越要动员广大青年为之奋斗。

---

① 【行百里者半九十】出自《战国策·秦策五》。比喻做事愈接近成功愈要认真对待。

为实现中华民族伟大复兴的中国梦而奋斗,是中国青年运动的时代主题。全面建成小康社会,推进社会主义现代化,实现中华民族伟大复兴,是光荣而伟大的事业,是光明和灿烂的前景。一切有志于这项伟大事业的人们都可以大有作为。

一代青年有一代青年的历史际遇。我们的国家正在走向繁荣富强,我们的民族正在走向伟大复兴,我们的人民正在走向更加幸福美好的生活。当代中国青年要有所作为,就必须投身人民的伟大奋斗。同人民一起奋斗,青春才能亮丽;同人民一起前进,青春才能昂扬;同人民一起梦想,青春才能无悔。

当今中国最鲜明的时代主题,就是实现"两个一百年"奋斗目标、实现中华民族伟大复兴的中国梦。当代青年要树立与这个时代主题同心同向的理想信念,勇于担当这个时代赋予的历史责任,励志勤学、刻苦磨炼,在激情奋斗中绽放青春光芒、健康成长进步。

三、勇做走在时代前列的奋进者、开拓者、奉献者

"得其大者可以兼其小"[①],只有把人生理想融入国家和民族的事业中,才能最终成就一番事业。

青年人正处于学习的黄金时期,应该把学习作为首要任务,作为一种责任、一种精神追求、一种生活方式,树立梦想从学习开始、事业靠本领成就的观念,让勤奋学习成为青春远航的动力,让增长本领成为青春搏击的能量。

广大青年要坚持面向现代化、面向世界、面向未来,增强知识更新的紧迫感,如饥似渴学习,既扎实打牢基础知识又及时更新知识,既刻苦钻研理论又积极掌握技能,不断提高与时代发展和事业要求相适应的素质和能力。要坚持学以致用,深入基层、深入群众,在改革开放和社会主义现代化建设

---

① 【得其大者可以兼其小】出自《唐宋八大家文集·欧阳修》。意思是人要有远大的志向,才能获得稳定的利益。

的大熔炉中，在社会的大学校里，掌握真才实学，增益其所不能，努力成为可堪大用、能担重任的栋梁之材。

广大青年一定要勇于创新创造。创新是民族进步的灵魂，是一个国家兴旺发达的不竭源泉，也是中华民族最深沉的民族禀赋，正所谓"苟日新，日日新，又日新"①。生活从不眷顾因循守旧、满足现状者，从不等待不思进取、坐享其成者，而是将更多机遇留给善于和勇于创新的人们。青年是社会上最富活力、最具创造性的群体，理应走在创新创造前列。

广大青年要有敢为人先的锐气，勇于解放思想、与时俱进，敢于上下求索、开拓进取，树立在继承前人的基础上超越前人的雄心壮志，以青春之我，创建青春之国家、青春之民族。要有逢山开路、遇河架桥的意志，为了创新创造而百折不挠、勇往直前。要有探索真知、求真务实的态度，在立足本职的创新创造中不断积累经验、取得成果。

广大青年一定要矢志艰苦奋斗。"宝剑锋从磨砺出，梅花香自苦寒来。"人类的美好理想，都不可能唾手可得，都离不开筚路蓝缕②、手胼足胝③的艰苦奋斗。我们的国家，我们的民族，从积贫积弱一步一步走到今天的发展繁荣，靠的就是一代又一代人的顽强拼搏，靠的就是中华民族自强不息的奋斗精神。当前，我们既面临着重要发展机遇，也面临着前所未有的困难和挑战。梦在前方，路在脚下。自胜者强，自强者胜。实现我们的发展目标，需要广大青年锲而不舍、驰而不息的奋斗。

广大青年要牢记"空谈误国、实干兴邦"，立足本职、埋头苦干，从自

---

① 【苟日新，日日新，又日新】出自《礼记·大学》。意思是如果能每天除旧更新，就要天天除旧更新，不间断地更新又更新。
② 【筚路蓝缕】出自《左传·宣公十二年》。意思是驾着柴车，穿着破旧的衣服去开辟山林。形容创业的艰苦。筚路，柴车；蓝缕，破衣服。
③ 【手胼（pián）足胝（zhī）】手和脚都磨出老茧，形容十分辛勤劳苦。

身做起，从点滴做起，用勤劳的双手、一流的业绩成就属于自己的人生精彩。要不怕困难、攻坚克难，勇于到条件艰苦的基层、国家建设的一线、项目攻关的前沿，经受锻炼，增长才干。要勇于创业、敢闯敢干，努力在改革开放中闯新路、创新业，不断开辟事业发展新天地。

前进要奋力，干事要努力。当代中国青年要在感悟时代、紧跟时代中珍惜韶华，自觉按照党和人民的要求锤炼自己、提高自己，做到志存高远、德才并重、情理兼修、勇于开拓，在火热的青春中放飞人生梦想，在拼搏的青春中成就事业华章。

"人才有高下，知物由学。"[1] 梦想从学习开始，事业靠本领成就。广大青年要自觉加强学习，不断增强本领。人生的黄金时期在青年。青年时期学识基础厚实不厚实，影响甚至决定自己的一生。广大青年要如饥似渴、孜孜不倦学习，既多读有字之书，也多读无字之书，注重学习人生经验和社会知识。"纸上得来终觉浅，绝知此事要躬行。"所有知识要转化为能力，都必须躬身实践。要坚持知行合一，注重在实践中学真知、悟真谛，加强磨练、增长本领。

广大青年要自觉奉献青春，为全面建成小康社会多作贡献。青年时光非常可贵，要用来干事创业、辛勤耕耘，为将来留下珍贵的回忆。广大农村青年要在发展现代农业、建设社会主义新农村中展现现代农民新形象，广大企业青年要在积极参与生产劳动、产品研发、管理创新中创造更多财富，广大科研单位青年要在深入钻研学问、主动攻克难题中多出创新成果，广大机关事业单位青年要在提高为社会、为民众服务水平中建功立业。

广大青年要保持初生牛犊不怕虎的劲头，不懂就学，不会就练，没有条件就努力创造条件。"志之所趋，无远弗届，穷山距海，不能限也。"[2] 对

---

[1] 【人才有高下，知物由学】出自东汉王充的《论衡·实知》。意思是人的才智有高下之分，而知识来源于后天的学习，通过不断学习才能获得新知。
[2] 【志之所趋，无远弗届，穷山距海，不能限也】出自清代《格言联璧》一书，意思是志向所趋，没有不能达到的地方，即使是山海尽头，也不能限制。

想做爱做的事要敢试敢为，努力从无到有、从小到大，把理想变为现实。要敢于做先锋，而不做过客、当看客，让创新成为青春远航的动力，让创业成为青春搏击的能量，让青春年华在为国家、为人民的奉献中焕发出绚丽光彩。

青年处于人生积累阶段，需要像海绵吸水一样汲取知识。广大青年抓学习，既要惜时如金、孜孜不倦，下一番心无旁骛、静谧自怡的功夫，又要突出主干、择其精要，努力做到又博又专、愈博愈专。特别是要克服浮躁之气，静下来多读经典，多知其所以然。

青年时期是培养和训练科学思维方法和思维能力的关键时期，无论在学校还是在社会，都要把学习同思考、观察同思考、实践同思考紧密结合起来，保持对新事物的敏锐，学会用正确的立场观点方法分析问题，善于把握历史和时代的发展方向，善于把握社会生活的主流和支流、现象和本质。要充分发挥青年的创造精神，勇于开拓实践，勇于探索真理。养成了历史思维、辩证思维、系统思维、创新思维的习惯，终身受用。

人的一生只有一次青春。现在，青春是用来奋斗的；将来，青春是用来回忆的。人生之路，有坦途也有陡坡，有平川也有险滩，有直道也有弯路。青年面临的选择很多，关键是要以正确的世界观、人生观、价值观来指导自己的选择。无数人生成功的事实表明，青年时代，选择吃苦也就选择了收获，选择奉献也就选择了高尚。青年时期多经历一点摔打、挫折、考验，有利于走好一生的路。要历练宠辱不惊的心理素质，坚定百折不挠的进取意志，保持乐观向上的精神状态，变挫折为动力，用从挫折中吸取的教训启迪人生，使人生获得升华和超越。只有进行了激情奋斗的青春，只有进行了顽强拼搏的青春，只有为人民作出了奉献的青春，才会留下充实、温暖、持久、无悔的青春回忆。

思考与练习

一、给下列加点字注音

  弘毅（　　）　　夙愿（　　）　　弗（　　）　　筚路蓝缕（　　　）

  矢志（　　）　　懈怠（　　）　　苟（　　）　　手胼足胝（　　　）

  汲取（　　）　　静谧（　　）　　孜孜不倦（　　　）　　百折不挠（　　　）

二、文中指出青少年是国家的未来和民族的希望，请你谈谈青少年的人生奋斗为何离不开国家的关怀与支持。

三、党的十八大以来，习近平总书记站在党的事业薪火相传、后继有人的战略高度，重视、关心青少年和共青团工作，提出了党的青年工作的一系列重大战略思想、重大理论观点、重大决策部署，形成了习近平总书记青年工作思想，成为新时期青年工作和青年成长的"时代指南"。结合本文学习，谈谈你的体会与感受。

四、文章最后一段写道："现在，青春是用来奋斗的；将来，青春是用来回忆的。"请你说说自己对这句话的理解。

五、读读记记

  1.无论哪个时代，青年的特点总是怀抱着各种理想和幻想。这并不是什么毛病，而是一种宝贵的品质。

——【苏联】加里宁

  2.万事须己运，他得非我贤。青春须早为，岂能长少年。

——【中国】唐·孟郊

17 《青春》诗二首

·课文导读·

　　青春，美好而充满迷惘。追怀青春，是人之常情，历来以此为主题的诗甚多。席慕蓉的《青春》是其中的独出机杼之作。诗人独特地以书来比喻青春，写出了青春值得珍藏，也写出了青春的易逝，表现了诗人对青春的无限依恋之情。

　　塞缪尔·厄尔曼的《青春》是一篇优美的散文诗，曾经打动了无数人的心灵。诗歌中表现出对生命的无限热忱，对希望的执着渴求，是我们每一个人断不可少的。一个人的生命如星河般壮美，而往往人们认为"青春"则像流星般转瞬即逝，但诗人却用他一生从不虚度岁月、从不荒废生命的信念，告诉人们：青春虽不能永恒，但可以用美好的理想、坚定的信念、乐观的心态去铸就永恒的青春。学习时应多加吟诵、体悟。

青春[①]

席慕蓉

所有的结局都已写好

所有的泪水也都已启程

却忽然忘了是怎么样的一个开始

[①] 选自《精美诗歌》（中国华侨出版社2014年版）。席慕蓉（1943— ），蒙古族，当代画家、诗人、散文家。著有诗集、散文集、画册及选本等50余种，《七里香》《无怨的青春》《一棵开花的树》等诗篇脍炙人口，成为经典。

在那个古老的不再回来的夏日

无论我如何地去追索
年轻的你只如云影掠过
而你微笑的面容极浅极淡
逐渐隐没在日落后的群岚①

遂翻开那发黄的扉页
命运将它装订得极为拙劣
含着泪,我一读再读
却不得不承认
青春　是一本太仓促的书

青春②

塞缪尔·厄尔曼

青春不是年华,而是心境;青春不是桃面、丹唇、柔膝,而是深沉的意志、恢宏的想象、炙热的恋情;青春是生命的深泉在涌流。

青春气贯长虹,勇锐盖过怯弱,进取压倒苟安。如此锐气,二十后生有之,六旬男子则更多见。年岁有加,并非垂老;理想丢弃,方堕暮年。

岁月悠悠,衰微只及肌肤;热忱抛却,颓唐必至灵魂。忧烦、惶恐、丧

---

① 【群岚(lán)】群山。
② 选自《文采菁华》(中山大学出版社2014年版)。塞缪尔·厄尔曼(1840—1924),是一名生于德国的美国作家。儿时随家人移居美国,参加过南北战争,之后定居伯明翰,经营五金杂货,年届70开始写作。著作有知名散文《青春》等。本诗在我国被翻译为多种版本,所选课文的译作者为原北京外国语学院副院长王佐良(1916—1995)。

失自信，定使心灵扭曲，意气如灰。

　　无论年届花甲，抑或二八芳龄，心中皆有生命之欢乐，奇迹之诱惑，孩童般天真久盛不衰。

　　人人心中皆有一台天线，只要你从天上人间接受美好、希望、欢乐、勇气和力量的信号，你无不青春永驻、风华长存。

　　一旦天线降下，锐气便被冰雪覆盖，玩世不恭、自暴自弃油然而生，即使年方二十，实已垂垂老矣；然则只要树起天线，捕捉乐观信号，你就有望在八十高龄告别尘寰[①]时仍觉年轻。

思考与练习

一、根据席慕蓉的《青春》一诗回答问题

　　1.诗人将"青春"比喻成_____，可谓匠心独运。全篇紧紧围绕着这个比喻展开，紧凑，含蓄，自然。

　　2."_____"，"_____"，这两句诗表现出时光不能回头、青春不会重来之意。

　　3."青春　是一本太仓促的书"这句诗的含义是什么？试谈谈你的理解。

二、根据塞缪尔·厄尔曼的《青春》一诗回答问题

　　1.本文第一段中"青春不是年华，而是心境"属于下列复句的（　　）项。

　　A.并列复句

　　B.假设复句

　　C.条件复句

　　D.因果复句

---

① 【尘寰（huán）】人世间。

2. "人人心中皆有一台天线"运用了什么修辞手法?请简析其表达效果。

3. 下列语言特色符合本文的一项是（　　）

A. 朴实无华，不加雕饰

B. 委婉含蓄，小巧静谧

C. 凝练诗化，旋律高亢激越

D. 诙谐幽默，口语化

4. 文末是作者对我们的希望，更是对我们的告诫：先从反面述说，_____；然后从正面激励人们，_____。

三、读读记记

1. 生活赋予我们一种巨大的和无限高贵的礼品，这就是青春：充满着力量，充满着期待、志愿，充满着求知和斗争的志向，充满着希望、信心的青春。

——【苏联】奥斯特洛夫斯基

2. 青春如初春，如朝日，如百卉之萌动，如利刃之新发于硎，人生最宝贵之时期也。青年之于社会，犹新鲜活泼细胞之在身。

——【中国】陈独秀

18 十八岁和其他[1]

——贺长子东东生日

杨　子

•课文导读•

　　本文是作家杨子在儿子18岁生日时写给他的一篇书信体散文。文章共五个部分，并不是正面直接描写18岁，而是写由18岁引起的有关两代人矛盾、读书、青春等人生话题，与儿子敞开心怀、平等对话。字里行间，对儿子的理解与尊重、劝勉与期望，显现了感人的拳拳父爱。小标题的运用给人非常清晰的写作思路。

　　本文的行文方式很特别，作者用一种谈话般的形式让孩子理解自己的良苦用心。容易让人产生亲近感，在对话中让阅读者受到了心灵的感化。谈话般的行文方式决定了语言的朴素与真挚，全文通过平常的生活化语言把父母之爱淋漓尽致地表现了出来，让人读后无法不为之动容。

一、十八岁

　　东东：想到今天是你十八岁的生日，我有一份"孩子长大了"的欣慰，也有一份似水流年的迷惘[2]。似乎，抱着初生的你到医生处诊治你的"脱肠"，

---

[1] 选自《中国当代文化名人亲情散文选》（湖南文艺出版社1992年版），稍有改动。杨子（1923—2011），原名杨选堂，广东梅州人，生于印尼，新闻界人士、作家，主要作品有《变色的太阳》《感情的花季》《画夜记》等。

[2] 【迷惘（wǎng）】由于分辨不清而困惑，不知怎么办。

半夜喊破喉咙把医生从睡梦中叫起,那种焦急忧虑,还像是昨天的事。似乎,你刚能坐起,我在院子里为你拍照,星期假日带你坐在脚踏车前头藤椅上到处炫耀,那种激动喜悦,也还是昨天的事。怎么,昨天和今天,竟是十八年的光阴了!诗人说:"在东方似是晨曦初露,乍回身,已是大地明亮。"这正可引来描述我突然想起你已是十八岁的心情。你也许会笑我,我就是那么时常把你看作缠绕身边的孩子呢!

十八岁有许许多多令人沉湎①眷恋的回忆。我不知道我对你的爱,十八年来是否夹杂有一些不经心的、任性的以及成人对孩子不够了解的责备,而曾使你难过。我读过一个父亲因对孩子无端发脾气,伤了孩子的心,而事后深表懊悔的文章。一位日本作家也说:"当孩子在你身边的时候,多宠爱他们吧。不要等到你不能宠爱他们时再来后悔。"东东,假如人生能够重来一次,我真会情愿溺爱你的!

孩子长大了,许多父母都会感到一些无法再把握孩子童年的惆怅②。因为,孩子长大了,便不再整天黏着你了,他有了自己的思想、朋友和活动天地;

---

① 【沉湎(miǎn)】沉溺,耽于。比喻潜心于某事物或处于某种境界或思维活动中。
② 【惆怅(chóu chàng)】伤感,失意。

他不再那么依顺,他甚至开始反叛了。但是,对于我,毋宁高兴有了一个可以像朋友般谈谈的孩子了。有什么事情可以比自己的孩子长大得能够兼为挚友更令人满意开怀的啊!人生如有知己,应该以自己的孩子为最。是不?

东东,让我以这样的心情来祝贺你的十八岁生日。

二、两代人的矛盾

"父与子"时常被看作对立的两方,意味着思想的冲突,观念的差异,新与旧的不同,进步与保守的矛盾。下一代往往在下意识中受到这流行观念的影响,好像一开始便必然处在与上一代对立的地位。孩子,我希望我们不致有这么令人不愉快的关系。其实,在这"两代的矛盾"中,许多做父母的"错",都依然是出自于爱——纵使是自以为是的爱。你也许听过、读过父母干涉儿女婚姻一类的故事,譬如反对爱女嫁给穷小子等等,无论你如何指责这一类的行为,你依然不能抹煞①它根本的动机——关怀子女幸福的爱。

在"两代的矛盾"中,可能有一部分是源于父母的愚昧和落伍,但也有一部分是出自下一代对父母经验的无条件否定,出自年轻人的盲目反抗与追求"成熟""独立"的急躁。不过,一切悲剧的造成,都由于父母与子女间不能有时像朋友般地把问题摊出来谈谈,大家尽可能地过一种较随便的、不拘束的、较多接触的共同生活。东东,美国作家劳伦斯著有一本叫做《我的父亲》的书(你可以在我的书架上找到),在他的描写里,他父亲一样犯有许多惹儿女烦厌的"严父"怪癖②。但是,就因为他们父子彼此多了点"友情"和理解,两代间的关系充满了和谐的快乐。孩子,我从小丧父,没有享受过父爱,也没有机会服从或反抗父亲。但是,即使对于温柔慈祥的母爱,我也曾犯过两代间矛盾的错误。等到了解"可怜天下父母心"的深情时,已是后

---

① 【抹煞(shā)】一概不计,完全勾销。
② 【怪癖(pǐ)】古怪的癖好。

悔莫及！

孩子，我可能有许多错误，你也可能有许多错误，可是，希望你踏进"反抗"的年龄时，能够避免流行的"父与子"观念的感染，避免摭拾①一些概念、术语，轻率地对父母下评断。而我，当你踏进"反抗"的年龄时，能够对你们"下一代"有更深的了解与同情，在思想上不至于老旧得太追不上属于你的时代。

孩子，我真希望你们兄妹，把父母看作可以"谈心"的知己，让我们共享你们的喜乐，分担你们的烦恼。

三、读书的苦乐

你现在正为准备大专联考而深感读书之苦，我像其他的父母一样，虽然极端同情你却不能不鼓励你，甚至鞭策你尽全力去争取这一场残酷竞争的胜利。说起来是非常令人诧异的，享受过自由自在的读书生活的我们这一代，在思想上、制度上却布置了一个叫你们憎厌的读书环境。自以为爱护下一代的我们，却使你们读书受到那么长时期（从幼稚园到大学）的身心折磨。我记得故乡老家后院临天井的小书房里，曾祖母曾挂了一条横幅，写着"读书最乐"四个字。我年少时常为这四个字所表现的意思所感动，并引起共鸣。我们这一代人是较幸运的，虽然我们读书也曾感到"光宗耀祖""十年寒窗"一类的传统压力，但并没有使你们喘不过气来的考试与升学的逼迫。你们高中语文课本里也许还有蒋士铨②的《<鸣机夜课图>记》。你可以从这篇文章中读出昔人读书之苦，但也一定能感受到那洋溢于文字中的读书乐。以我来说，从连环图画、《西游记》到《红楼梦》；从郁达夫到屠格涅夫；从徐志

---

① 【摭（zhí）拾】收取，采集。
② 【蒋士铨（quán）】字心馀，苕生，藁生，号藏园，又号清容居士，晚号定甫，清代戏曲家、文学家。

摩到吉辛①；从新月派的诗到美国惠特曼②的《草叶集》，从安那其虚无主义到英国的费边社会主义，我们少年时代，读书真到了废寝忘食的快乐程度。我现在闭着眼能清晰地看到自己一面吃饭一面读书（不是功课）的"迷样子"（祖母的话）。我在你这个年龄，曾在一个晚上一口气读完肖洛霍夫③的《静静的顿河》，等到发觉窗外泛白，才意犹未尽地合起书本起床。这正是当前长年为考试、升学烦恼紧张的你们所难以想象的读书"闲"趣。

东东，你来信说，希望我不要对你期望太高，你对于选择科系"志愿"也表示了独特的意见。孩子，坦率地说，我无法抑制你的期望，我虽不致横蛮专制到干涉你对"志愿"的选择，但也实在希望你能考进大学。我不能在自己孩子面前唱反升学主义的高调，尤其希望你能因此撇下那考试、升学的可怕回忆，从心所欲地享受读书之乐。我祈祷你能够随意读书，已不再为"功课"苦恼的日子快些来临。那时你可叫做一个率性读书的人。在学问的海洋中，有无数的蓬莱仙岛，涉猎其中，其乐融融。

孩子，扯起你的帆去遨游吧。

四、恋爱

听说你有了一位还谈得来的"女朋友"了。十八岁正是做彩色梦的年龄。我完全了解十八岁男孩对初恋的憧憬。可是，我也知道十八岁的年龄，对于爱情，会有非常简单的定义。想起感情的生活，我有难以说明的歉疚、忏悔和创伤，因此，我要劝你珍惜爱情。不要把感情上的冲动和爱情附会在一起，不要让这样的冲动，成了爱情的负债。

多姿多彩的爱情生活是罗曼蒂克的，但我宁愿你在爱河中只饮一勺；因

---

① 【吉辛】英国小说家，他的小说以描写下层社会生活和文坛人物著称。其散文集《四季随笔》在中国出版后，成为散文书中的畅销书。

② 【惠特曼】美国著名诗人、人文主义者，创造了诗歌的自由体，其代表作品是诗集《草叶集》。

③ 【肖洛霍夫】苏联著名作家，1965年他的作品《静静的顿河》获得了诺贝尔文学奖。

为真正令人心灵颤动的爱,不能求之于泛滥的感情中。古今中外许多爱情故事的可歌可泣,便由于有真的倾心和忠贞。东东,记住:在我们的社会里,女孩子依然是较弱、较易受损害的一方(屠格涅夫笔下的罗亭感慨地说,女孩子的心都像黄金)。在感情生活上最痛苦的莫过于因为自己的轻浮,而负上内心不愿承受的责任;或者,因自己的薄幸,而终身受到良心的谴责!

一个能爱而又能被爱的人是幸福的,曾经爱而又被爱的人生是美好的。但是,即使爱而失落也酿成醇香的回忆。所以,假如你不幸在爱情的天地里折了翅膀,不妨哭,但不要庸俗!

五、青春

十八岁使我想起初长彩羽、引吭试啼的小公鸡,使我想起翅膀甫健④、开始翱翔于天空的幼鹰,整个世界填满不了十八岁男孩子的雄心和梦。

十八岁使我想起我当年跟学校大队同学远足深山。春夏初交,群峰碧绿,我漫步于参天古木之中,发现一大丛新长的桠树,枝桠⑤上翘,新芽竞长,欣欣向荣。我指着其中挺秀的一株对同学说,这就是我,十八岁的我。好自负的年龄啊!

孩子,现在你是十八岁了,告诉我你把自己比作什么?做些什么年轻的梦?我不想向你说教,只是希望你不要想得太复杂、太现实。青春是可爱的,希望你保持纯真,永远有一颗赤子之心,人生就会满足、快乐。

东东,人到了中年便时有闲愁,怪不得词人会感叹年华一瞬,容销金镜,壮志消残,我也不免有些感触。想起一手托着你的身体,一手为你洗澡的去日;想起你吵闹不睡,我抱着你在走廊上行走半夜的情景;想起陪你考幼稚园、考初中、考高中的一段段往事;还有那无数琐碎而有趣的回忆……孩子,一

---

④ 【甫(fǔ)健】刚刚健壮,刚刚长成。
⑤ 【枝桠(yā)】枝丫。

切都历历在目，我真不相信十八年已溜走了。不过，看到你英姿俊发，我年轻时的梦，正由你在延展，亦深觉人生之乐，莫过于目睹下一代的成长、茁壮。你读过《金缕衣》①吧，劝君惜取少年时，孩子，多珍重！

一九六六年三月十二日

思考与练习

一、下列加点字的注音，全部正确的一项是（　　）

  A. 炫耀（xuàn）　涉猎（shè）　怪癖（pǐ）　初露（lòu）

  B. 枝桠（yā）　溺爱（nì）　晨曦（xī）　蓬莱（péng）

  C. 蛮横（hèng）　感触（chǔ）　茁壮（zhuó）　宠爱（chǒng）

  D. 说教（shuō）　桉树（ān）　甫健（fǔ）　纯真（cún）

二、下列词语中有错别字的一项是（　　）

  A. 鞭策　沉湎　急燥　意犹未足

  B. 惆怅　诧异　抹煞　引吭试啼

  C. 琐碎　迷惘　遨游　容销金镜

  D. 眷恋　懊悔　翱翔　壮志消残

三、文中作者多次回忆了儿子成长过程中的点点滴滴，这些回忆的用意是什么？

---

① 【《金缕衣》】唐朝时期的一首七言乐府，作者无名氏。"劝君莫惜金缕衣，劝君惜取少年时。花开堪折直须折，莫待无花空折枝。"此诗旨在让人们不要重视荣华富贵，而要爱惜少年时光。

◆ 第四单元 活力青春 ◆

四、文章的主旨是写一位父亲对儿子的关心和鼓励，第三节题目为"读书的苦乐"，内容写的是"儿子读书时时的苦"与"父亲读书时的乐"，这些内容是否偏离了主旨？为什么？

五、根据文意概括怎样才能改变"两代人的矛盾"。

六、读读记记

1.等青春轻飘的烟雾把少年的欢乐袅袅曳去，之后，我们就能取得一切值得吸取的东西。　　　　　　　　　　　　——【俄罗斯】普希金

2.青春活力，可以说是把我们整个身心都舒展开了，同时用生活的乐趣把我们眼前的万物也美化了。　　　　　　　　　——【法国】卢梭

149

19 做一个战士[1]

巴 金

• 课文导读 •

《做一个战士》是巴金创作于1938年的一篇散文，目的是鼓舞一批在抗日战争中因国家和社会的境遇，苦于找不到光明的人生道路，而处于彷徨和苦闷之中的青年们。巴金了解这些青年人的思想境遇后，创作了这篇鼓舞青年斗志的散文。

文章语言凝练、感情激荡而充满力量，从不同角度和层面表述了身为青年，应如战士一般具有独特的人格和顽强的个性。并运用多种修辞方法形象生动地阐释了战士在面对挫折和危难时，他们的表现和抉择。巴金作品中那种对理想的追求、对社会的使命感，那种青春的热情和奋勇向前的战斗精神，对当代青年仍具有强烈的感染力。

一个年轻的朋友写信问我："应该做一个什么样的人？"我回答他："做一个战士。"

另一个朋友问我："怎样对付生活？"我仍旧答道："做一个战士。"

《战士颂》的作者曾经写过这样的话：

我激荡在这绵绵不息、滂沱[2]四方的生命洪流中，我就应该追逐这洪流，

---

[1] 选自《盛放在呼啸而过的青春》（长江文艺出版社2014年版）。巴金（1904—2005），原名李尧棠，字芾甘，四川成都人，现代著名文学家、翻译家、出版家，代表作品有"激流三部曲"《随想录》等。

[2] 【滂沱（pāng tuó）】形容雨下得很大。也形容水流盛大的样子。

而且追过它，自己去造更广、更深的洪流。

我如果是一盏灯，这灯的用处便是照彻那多量的黑暗。我如果是海潮，便要鼓起波涛去洗涤海边一切陈腐的积物。

这一段话很恰当地写出了战士的心情。

在这个时代，战士是最需要的。但是这样的战士并不一定要持枪上战场。他的武器也不一定是枪弹。他的武器还可以是知识、信仰和坚强的意志。他并不一定要流仇敌的血，却能更有把握地致敌人的死命。

战士雕塑

战士是永远追求光明的。他并不躺在晴空下享受阳光，却在暗夜里燃起火炬，给人们照亮道路，使他们走向黎明。驱散黑暗，这是战士的任务。他不躲避黑暗，却要面对黑暗，跟躲藏在阴影里的魑魅魍魉①搏斗。他要消灭它们而取得光明。战士是不知道妥协的。他得不到光明便不会停止战斗。

战士是永远年轻的。他不犹豫，不休息。他深入人丛中，找寻苍蝇、毒蚊等等危害人类的东西。他不断地攻击它们，不肯与它们共同生存在一个天空下面。对于战士，生活就是不停的战斗。他不是取得光明而生存，便是带着满身伤疤而死去。在战斗中力量只有增长，信仰只有加强。在战斗中给战士指路的是"未来"，"未来"给人以希望和鼓舞。战士永远不会失去青春的活力。

---

① 【魑魅魍魉（chī mèi wǎng liǎng）】古代传说中害人的鬼怪，现指形形色色的坏人。

战士是不知道灰心与绝望的。他甚至在失败的废墟上，还要堆起破碎的砖石重建九级宝塔。任何打击都不能击破战士的意志。只有在死的时候他才闭上眼睛。

战士是不知道畏缩的。他的脚步很坚定。他看定目标，便一直向前走去。他不怕被绊脚石摔倒，没有一种障碍能使他改变心思。假象绝不能迷住战士的眼睛，支配战士行动的是信仰。他能够忍受一切艰难、痛苦，而达到他所选定的目标。除非他死，人不能使他放弃工作。

这便是我们现在需要的战士。这样的战士并不一定具有超人的能力。他是一个平凡的人。每个人都可以做战士，只要他有决心。所以我用"做一个战士"的话来激励那些在彷徨、苦闷中的年轻朋友。

思考与练习

一、体会下列句子，并进行仿写

"我如果是一盏灯，这灯的用处便是照彻那多量的黑暗。"

"我如果是海潮，便要鼓起波涛去洗涤海边一切陈腐的积物。"

我如果是 _____ ，_____ 。

我如果是 _____ ，_____ 。

二、作者激励人们要"做一个战士"，那么"战士"是什么样的人，有什么样的精神品质呢？请用简洁的语言概括。

三、文中所说的魑魅魍魉、苍蝇、毒蚊等指什么？

四、揣摩下列语句的含义

　　1. 他并不躺在晴空下享受阳光，却在暗夜里燃起火炬，给人们照亮道路，使他们走向黎明。

　　2. 他不是取得光明而生存，便是带着满身伤疤而死去。

　　3. 他甚至在失败的废墟上，还要堆起破碎的砖石重建九级宝塔。

五、时至今日，作为一名青年学生，我们如何"做一个战士"？请你谈谈自己的看法。

六、读读记记

　　1. 我始终记住：青春是美丽的东西，而且对我来说它永远是鼓舞的源泉。
　　　　　　　　　　　　　　　　　　　　——【中国】巴金

　　2. 青春从来没亏待过我们，只是我们亏待了青春。文字太轻，回忆太重，请珍惜或怀念我们永不再复的青春。
　　　　　　　　　　　　　　——【英国】赛迪·琼斯

20 哦，香雪①

铁　凝

• 课文导读 •

《哦，香雪》是铁凝的代表作，于1982年获得全国优秀短篇小说及首届"青年文学"创作奖。小说以一个北方偏僻的小山村台儿沟新开辟的小火车站为背景，通过对每天只停一分钟的火车和香雪等一群乡村少女的生动描摹，表现了在闭塞山村中生活的少女香雪对都市文明的向往，对改变山村封闭落后、摆脱贫穷的迫切心情，还有山里姑娘的自爱自尊。小说写作于我国改革开放初期，巧妙地借台儿沟的一角，写出了改革开放后中国从历史的阴影下走出，摆脱封闭、愚昧和落后，走向开放、文明与进步的痛苦和喜悦。

小说笔调清新婉丽，文字鲜活灵动，抒情意味浓厚，学习时应注意体味人物形象细腻的心理描写和童话般意境的景物描写。

如果不是有人发明了火车，如果不是有人把铁轨铺进深山，你怎么也不会发现台儿沟这个小村。它和它的十几户乡亲，一心一意掩藏在大山那深深的皱褶②里，从春到夏，从秋到冬，默默地接受着大山任意给予的温存和粗暴。

然而，两根纤细、闪亮的铁轨延伸过来了。它勇敢地盘旋在山腰，又悄悄地试探着前进，弯弯曲曲，曲曲弯弯，终于绕到台儿沟脚下，然后钻进幽

---

① 选自《铁凝精选集》（北京燕山出版社2012年版）。铁凝（1957—　），当代作家，主要作品有《大浴女》《玫瑰》等。根据她的小说改编的电影《哦，香雪》获第41届柏林国际电影节青春片最高奖。

② 【皱褶（zhě）】指由于地壳运动，岩层受到挤压而形成的连续弯曲的构造形式。

暗的隧道，冲向又一道山梁，朝着神秘的远方奔去。

不久，这条线正式营运，人们挤在村口，看见那绿色的长龙一路呼啸，挟带着来自山外的陌生、新鲜的清风，擦着台儿沟贫弱的脊背匆匆而过。它走得那样急忙，连车轮碾轧钢轨时发出的声音好像都在说：不停不停，不停不停！是啊，它有什么理由在台儿沟站脚呢，台儿沟有人要出远门吗？山外有人来台儿沟探亲访友吗？还是这里有石油储存，有金矿埋藏？台儿沟，无论从哪方面讲，都不具备挽住火车在它身边留步的力量。

可是，记不清从什么时候起，列车时刻表上，还是多了"台儿沟"这一站。也许乘车的旅客提出过要求，他们中有哪位说话算数的人和台儿沟沾亲；也许是那个快乐的男乘务员发现台儿沟有一群十七八岁的漂亮姑娘，每逢列车疾驰而过，她们就成帮搭伙地站在村口，翘起下巴，贪婪、专注地仰望着火车。有人朝车厢指点，不时能听见她们由于互相捶打而发出的一两声娇嗔的尖叫；也许什么都不为，就因为台儿沟太小了，小得叫人心疼，就是钢筋铁骨的巨龙在它面前也不能昂首阔步，也不能不停下来。总之，台儿沟上了列车时刻表，每晚七点钟，由首都方向开往山西的这列火车在这里停留一分钟。

这短暂的一分钟,搅乱了台儿沟以往的宁静。从前,台儿沟人历来是吃过晚饭就钻被窝,他们仿佛是在同一时刻听到大山无声的命令。于是,台儿沟那一小片石头房子在同一时刻忽然完全静止了,静得那样深沉、真切,好像在默默地向大山诉说着自己的虔诚。如今,台儿沟的姑娘们刚把晚饭端上桌就慌了神,她们心不在焉地胡乱吃几口,扔下碗就开始梳妆打扮。她们洗净蒙受了一天的黄土、风尘,露出粗糙、红润的面色,把头发梳得乌亮,然后就比赛着穿出最好的衣裳。有人换上过年时才穿的新鞋,有人还悄悄往脸上涂点胭脂。尽管火车到站时已经天黑,她们还是按照自己的心思,刻意斟酌着服饰和容貌。然后,她们就朝村口,朝火车经过的地方跑去。香雪总是第一个出门,隔壁的凤娇第二个就跟了出来。

七点钟,火车喘息着向台儿沟滑过来,接着一阵空哐乱响,车身震颤一下,才停住不动了。姑娘们心跳着涌上前去,像看电影一样,挨着窗口观望。只有香雪躲在后边,双手紧紧捂着耳朵。看火车,她跑在最前边;火车来了,她却缩到最后去了。她有点害怕它那巨大的车头,车头那么雄壮地喷吐着白雾,仿佛一口气就能把台儿沟吸进肚里。它那撼天动地的轰鸣也叫她感到恐惧。在它跟前,她简直像一叶没根的小草。

"香雪,过来呀,看!"凤娇拉过香雪向一个妇女头上指,她指的是那个妇女头上别着的那一排金圈圈。

"怎么我看不见?"香雪微微眯着眼睛。

"就是靠里边那个,那个大圆脸。看,还有手表哪,比指甲盖还小哩!"凤娇又有了新发现。

香雪不言不语地点着头。她终于看见了妇女头上的金圈圈和她腕上比指甲盖还要小的手表。但她也很快就发现了别的。"皮书包!"她指着行李架上一只普通的棕色人造革学生书包。这是那种连小城市都随处可见的学生书包。

尽管姑娘们对香雪的发现总是不感兴趣,但她们还是围了上来。

"呦，我的妈呀！你踩着我的脚啦！"凤娇一声尖叫，埋怨着挤上来的一位姑娘。她老是爱一惊一乍的。

"你咋呼①什么呀，是想叫那个小白脸和你搭话了吧？"被埋怨的姑娘也不示弱。

"我撕了你的嘴！"凤娇骂着，眼睛却不由自主地朝第三节车厢的车门望去。

那个白白净净的年轻乘务员真下车来了。他身材高大，头发乌黑，说一口漂亮的北京话。也许因为这点，姑娘们私下里都叫他"北京话"。"北京话"双手抱住胳膊肘，和她们站得不远不近地说："喂，我说小姑娘们，别扒窗户，危险！"

"呦，我们小，你就老了吗？"大胆的凤娇回敬了一句。

姑娘们一阵大笑，不知谁还把凤娇往前一搡②，弄得她差点撞在他身上，这一来反倒更壮了凤娇的胆："喂，你们老待在车上不头晕？"她又问。

"房顶子上那个大刀片似的，那是干什么用的？"又一个姑娘问。她指的是车厢里的电扇。

"烧水在哪儿？"

"开到没路的地方怎么办？"

"你们城里人一天吃几顿饭？"香雪也紧跟在姑娘们后边小声问了一句。

"真没治！""北京话"陷在姑娘们的包围圈里，不知所措地嘟囔着。

快开车了，她们才让出一条路，放他走。他一边看表，一边朝车门跑去，跑到门口，又扭头对她们说："下次吧，下次告诉你们！"他的两条长腿灵巧地向上一跨就上了车，接着一阵叽里咣啷，绿色的车门就在姑娘们面前沉

---

① 【咋（zhā）呼】呦喝。
② 【搡（sǎng）】猛推。

重地合上了。列车一头扎进黑暗，把她们撇在冰冷的铁轨旁边。很久，她们还能感觉到它那越来越轻的震颤。

一切又恢复了寂静，静得叫人惆怅。姑娘们走回家去，路上总要为一点小事争论不休：

"谁知道别在头上的金圈圈是几个？"

"八个。"

"九个。"

"不是！"

"就是！"

"凤娇你说哪？"

"她呀，还在想'北京话'哪！"有人开起了凤娇的玩笑。

"去你的，谁说谁就想。"凤娇说着捏了一下香雪的手，意思是叫香雪帮腔。

香雪没说话，慌得脸都红了。她才十七岁，还没学会怎样在这种事上给人家帮腔。

"他的脸多白呀！"那个姑娘还在逗凤娇。

"白？还不是在那大绿屋里捂的。叫他到咱台儿沟住几天试试。"有人在黑影里说。

"可不，城里人就靠捂。要论白，叫他们和咱们香雪比比。咱们香雪，天生一副好皮子，再照火车上那些闺女的样儿，把头发烫成弯弯绕，啧啧！'真没治'！凤娇姐，你说是不是？"

凤娇不接碴儿，松开了香雪的手。好像姑娘们真在贬低她的什么人一样，她心里真有点儿替他抱不平呢。不知怎么的，她认定他的脸绝不是捂白的，那是天生。

香雪又悄悄把手送到凤娇手心里，她示意凤娇握住她的手，仿佛请求凤娇的宽恕，仿佛是她使凤娇受了委屈。

"凤娇，你哑巴啦？"还是那个姑娘。

"谁哑巴啦！谁像你们，专看人家脸黑脸白。你们喜欢，你们可跟上人家走啊！"凤娇的嘴很硬。

"我们不配！"

"你担保人家没有相好的？"

……

不管在路上吵得怎样厉害，分手时大家还是十分友好的，因为一个叫人兴奋的念头又在她们心中升起：明天，火车还要经过，她们还会有一个美妙的一分钟。和它相比，闹点小别扭还算回事吗？

哦，五彩缤纷的一分钟，你饱含着台儿沟的姑娘们多少喜怒哀乐！

日久天长，这五彩缤纷的一分钟，竟变得更加五彩缤纷起来。就在这个一分钟里，她们开始挎上装满核桃、鸡蛋、大枣的长方形柳条篮子，站在车窗下，抓紧时间跟旅客和和气气地做买卖。她们踮着脚尖，双臂伸得直直的，把整筐的鸡蛋、红枣举上窗口，换回台儿沟少见的挂面、火柴，以及属于姑娘们自己的发卡、香皂。有时，有人还会冒着回家挨骂的风险，换回花色繁多的纱巾和能松能紧的尼龙袜。

凤娇好像是大家有意分配给那个"北京话"的，每次都是她提着篮子去找他。她和他做买卖故意磨磨蹭蹭，车快开时才把整篮的鸡蛋塞给他。要是他先把鸡蛋拿走，下次见面时再付钱，那就更够意思了。如果他给她捎回一捆挂面、两条纱巾，凤娇就一定抽回一斤挂面还给他。她觉得，只有这样才对得起和他的交往，她愿意这种交往和一般的做买卖有区别。有时她也想起姑娘们的话："你担保人家没有相好的？"其实，有没有相好的不关凤娇的事，她又没想过跟他走。可她愿意对他好，难道非得是相好的才能这么做吗？

香雪平时话不多，胆子又小，但做起买卖却是姑娘中最顺利的一个。旅客们爱买她的货，因为她是那么信任地瞧着你，那洁如水晶的眼睛告诉你，站在车窗下的这个女孩子还不知道什么叫受骗。她还不知道怎么讲价钱，只说："你看着给吧。"你望着她那洁净得仿佛一分钟前才诞生的面孔，望着她那柔软得宛若红缎子似的嘴唇，心中会升起一种美好的感情。你不忍心跟这样的小姑娘耍滑头，在她面前，再爱计较的人也会变得慷慨大度。

有时她也抓空儿向他们打听外面的事，打听北京的大学要不要台儿沟人，打听什么叫"配乐诗朗诵"（那是她偶然在同桌的一本书上看到的）。有一回她向一位戴眼镜的中年妇女打听能自动开关的铅笔盒，还问到它的价钱。谁知没等人家回话，车已经开动了。她追着它跑了好远，当秋风和车轮的呼啸一同在她耳边鸣响时，她才停下脚步意识到，自己的行为是多么可笑啊。

火车眨眼间就无影无踪了。姑娘们围住香雪，当她们知道她追火车的原因后，便觉得好笑起来。

"傻丫头！"

"值不当的！"

她们像长者那样拍着她的肩膀。

"就怪我磨蹭，问慢了。"香雪可不认为这是一件值不当的事，她只是埋怨自己没抓紧时间。

"咳，你问什么不行呀！"凤娇替香雪挎起篮子说。

"谁叫咱们香雪是学生呢。"也有人替香雪分辩。

也许就因为香雪是学生吧，是台儿沟唯一考上初中的人。

台儿沟没有学校，香雪每天上学要到十五里以外的公社。尽管不爱说话是她的天性，但和台儿沟的姐妹们总是有话可说的。公社中学可就没那么多姐妹了，虽然女同学不少，但她们的言谈举止，一个眼神，一声轻轻的笑，好像都是为了叫香雪意识到，她是小地方来的，穷地方来的。她们故意一遍又一遍地问她："你们那儿一天吃几顿饭？"她不明白她们的用意，每次都认真地回答："两顿。"然后又友好地瞧着她们反问道："你们呢？"

"三顿！"她们每次都理直气壮地回答。之后，又对香雪在这方面的迟钝感到说不出的怜悯和气恼。

"你上学怎么不带铅笔盒呀？"她们又问。

"那不是吗？"香雪指指桌角。

其实，她们早知道桌角那只小木盒就是香雪的铅笔盒，但她们还是做出吃惊的样子。每到这时，香雪的同桌就把自己那只宽大的泡沫塑料铅笔盒摆弄得哒哒乱响。这是一只可以自动合上的铅笔盒，很久以后，香雪才知道它所以能自动合上，是因为铅笔盒里包藏着一块不大不小的吸铁石。香雪的小木盒呢，尽管那是当木匠的父亲为她考上中学特意制作的，它在台儿沟还是独一无二的呢，可在这儿，和同桌的铅笔盒一比，为什么显得那样笨拙、陈旧？它在一阵哒哒声中有几分羞涩地畏缩在桌角上。

香雪的心再也不能平静了，她好像忽然明白了同学对她的再三盘问，明白了台儿沟是多么贫穷。她第一次意识到这是不光彩的，因为贫穷，同学才敢一遍又一遍地盘问她。她盯住同桌那只铅笔盒，猜测它来自遥远的大城市，猜测它的价值肯定非同寻常。三十个鸡蛋换得来吗？还是四十个、五十个？这时她的心又忽地一沉：怎么想起这些了？娘攒下鸡蛋，不是为了叫她乱打主意啊！可是，为什么那诱人的哒哒声老是在耳边响个没完！

深秋，山风渐渐凛冽了，天也黑得越来越早。但香雪和她的姐妹们对于七点钟的火车，是照等不误的。她们可以穿起花棉袄了，凤娇头上别起了淡粉色的有机玻璃发卡，有些姑娘的辫梢还缠上了夹丝橡皮筋。那是她们用鸡蛋、核桃从火车上换来的。她们仿照火车上那些城里姑娘的样子把自己武装起来，整齐地排列在铁路旁，像是等待欢迎远方的贵宾，又像是准备着接受检阅。

火车停了，发出一阵沉重的叹息，像是在抱怨着台儿沟的寒冷。今天，它对台儿沟表现了少有的冷漠：车窗全部紧闭着，旅客在黄昏的灯光下喝茶、看报，没有人向窗外瞥一眼。那些眼熟的、常跑这条线的人们，似乎也忘记了台儿沟的姑娘。

凤娇照例跑到第三节车厢去找她的"北京话",香雪系紧头上的紫红色线围巾,把臂弯里的篮子换了换手,也顺着车身不停地跑着。她尽量高高地踮起脚尖,希望车厢里的人能看见她的脸。车上一直没有人发现她,她却在一张堆满食品的小桌上,发现了渴望已久的东西。它的出现,使她再也不想往前走了,她放下篮子,心跳着,双手紧紧扒住窗框,认清了那真是一只铅笔盒,一只装有吸铁石的自动铅笔盒。它和她离得那样近,如果不是隔着玻璃,她一伸手就可以摸到。

一位中年女乘务员走过来拉开了香雪。香雪挎起篮子站在远处继续观察。当她断定它属于靠窗的那位女学生模样的姑娘时,就果断地跑过去敲起了玻璃。女学生转过脸来,看见香雪臂弯里的篮子,抱歉地冲她摆了摆手,并没有打开车窗的意思。不知怎么的她就朝车门跑去,当她在门口站定时,还一把扒住了扶手。如果说跑的时候她还有点犹豫,那么从车厢里送出来的一阵阵温馨的、火车特有的气息却坚定了她的信心,她学着"北京话"的样子,轻巧地跃上了踏板。她打算以最快的速度跑进车厢,以最快的速度用鸡蛋换回铅笔盒。也许,她所以能够在几秒钟内就决定上车,正是因为她拥有那么多鸡蛋吧,那是四十个。

香雪终于站在火车上了。她挽紧篮子,小心地朝车厢迈出了第一步。这时,车身忽然悸动了一下,接着,车门被人关上了。当她意识到眼前发生了什么事时,列车已经缓缓地向台儿沟告别了。香雪扑在车门上,看见凤娇的脸在车下一晃。看来这不是梦,一切都是真的,她确实离开姐妹们,站在这既熟悉又陌生的火车上了。她拍打着玻璃,冲凤娇叫喊:"凤娇!我怎么办呀,我可怎么办呀!"

列车无情地载着香雪一路飞奔,台儿沟刹那间就被抛在后面了。下一站叫西山口,西山口离台儿沟三十里。

三十里，对于火车、汽车真的不算什么，西山口在旅客们闲聊之中就到了。这里上车的人不少，下车的只有一位旅客，那就是香雪。她胳膊上少了那只篮子，她把它塞到那个女学生座位下面了。

　　在车上，当她红着脸告诉女学生，想用鸡蛋和她换铅笔盒时，女学生不知怎么的也红了脸。她一定要把铅笔盒送给香雪，还说她住在学校吃食堂，鸡蛋带回去也没法吃。她怕香雪不信，又指了指胸前的校徽，上面果真有"矿冶学院"几个字。香雪却觉着她在哄她，难道除了学校她就没家吗？香雪一面摆弄着铅笔盒，一面想着主意。台儿沟再穷，她也从没白拿过别人的东西。就在火车停顿前发出的几秒钟的震颤里，香雪还是猛然把篮子塞到女学生的座位下面，迅速离开了。

　　车上，旅客们曾劝她在西山口住上一夜再回台儿沟。热情的"北京话"还告诉她，他爱人有个亲戚就住在站上。香雪没有住，更不打算去找"北京话"的什么亲戚，他的话倒更使她感到了委屈，她替凤娇委屈，替台儿沟委屈。她只是一心一意地想：赶快走回去，明天理直气壮地去上学，理直气壮地打开书包，把"它"摆在桌上。车上的人既不了解火车的呼啸曾经怎样叫她像只受惊的小鹿那样不知所措，更不了解山里的女孩子在大山和黑夜面前到底有多大本事。

　　列车很快就从西山口车站消失了，留给她的又是一片空旷。一阵寒风扑来，吸吮着她单薄的身体。她把滑到肩上的围巾紧裹在头上，缩起身子在铁轨上坐了下来。香雪感受过各种各样的害怕，小时候她怕头发，身上沾着一根头发择不下来，她会急得哭起来；长大了她怕晚上一个人到院子里去，怕毛毛虫，怕被人胳肢（凤娇最爱和她来这一手）。现在她害怕这陌生的西山口，害怕四周黑幽幽的大山，害怕叫人心惊肉跳的寂静，当风吹响近处的小树林时，她又害怕小树林发出的窸窸窣窣的声音。三十里，一路走回去，该路过多少大大小小的林子啊！

一轮满月升起来了，照亮了寂静的山谷、灰白的小路，照亮了秋日的败草、粗糙的树干，还有一丛丛荆棘、怪石，还有漫山遍野那树的队伍，还有香雪手中那只闪闪发光的小盒子。

她这才想到把它举起来仔细端详。她想，为什么坐了一路火车，竟没有拿出来好好看看？现在，在皎洁的月光下，她才看清了它是淡绿色的，盒盖上有两朵洁白的马蹄莲。她小心地把它打开，又学着同桌的样子轻轻一拍盒盖，"哒"的一声，它便合得严严实实。她又打开盒盖，觉得应该立刻装点东西进去。她从兜里摸出一只盛擦脸油的小盒放进去，又合上了盖子。只有这时，她才觉得这铅笔盒真属于她了，真的。她又想到了明天，明天上学时，她多么盼望她们会再三盘问她啊！

她站了起来，忽然感到心里很满意，风也柔和了许多。她发现月亮是这样明净。群山被月光笼罩着，像母亲庄严、神圣的胸脯。那秋风吹干的一树树核桃叶，卷起来像一树树金铃铛，她第一次听清它们在夜晚，在风的怂恿下"哗啷啷"地歌唱。她不再害怕了，在枕木上跨着大步，一直朝前走去。大山原来是这样的！月亮原来是这样的！核桃树原来是这样的！香雪走着，就像第一次认出养育她长大成人的山谷。台儿沟呢？不知怎么的，她加快了脚步。她急着见到它，就像从来没有见过它那样觉得新奇。台儿沟一定会是"这样的"：那时台儿沟的姑娘不再央求别人，也用不着回答人家的再三盘问。火车上的漂亮小伙子都会求上门来，火车也会停得久一些，也许三分、四分，也许十分、八分。它会向台儿沟打开所有的门窗，要是再碰上今晚这种情况，谁都能从从容容地下车。

今晚台儿沟发生了什么事？对了，火车拉走了香雪，为什么现在她像闹着玩儿似的去回忆呢？四十个鸡蛋没有了，娘会怎么说呢？爹不是盼望每天都有人家娶媳妇、聘闺女吗？那时他才有干不完的活儿，他才能光着红铜似的脊梁，不分昼夜地打出那些躺柜、碗橱、板箱，挣回香雪的学费。想到这儿，香雪站住了,月光好像也黯淡下来,脚下的枕木变成一片模糊。回去怎么说?她环视群山,群山沉默着;她又朝着近处的杨树林张望,杨树林窸窸窣窣地响着,并不真心告诉她应该怎么做。是哪来的流水声?她寻找着,发现离铁轨几米远的地方,有一道浅浅的小溪。她走下铁轨,在小溪旁边蹲了下来。她想起小时候有一回和凤娇在河边洗衣裳,碰见一个换芝麻糖的老头。凤娇劝香雪拿一件旧汗褂换几块糖吃,还教她对娘说,那件衣裳不小心叫河水给冲走了。香雪很想吃芝麻糖,可她到底没换。她还记得,那老头真心实意等了她半天呢。为什么她会想起这件小事?也许现在应该骗娘吧,因为芝麻糖怎么也不能和铅笔盒的重要性相比。她要告诉娘,这是一个宝盒子,谁用上它,就能一切顺心如意,就能上大学、坐上火车到处跑,就能要什么有什么,就再也不会被人盘问她们每天吃几顿饭了。娘会相信的,因为香雪从来不骗人。

小溪的歌唱高昂起来了,它欢腾着向前奔跑,撞击着水中的石块,不时溅起一朵小小的浪花。香雪也要赶路了,她捧起溪水洗了把脸,又用沾着水的手抿光被风吹乱的头发。水很凉,但她觉得很精神。她告别了小溪,又回到了长长的铁路上。

前边又是什么?是隧道,它愣在那里,就像大山的一只黑眼睛。香雪又站住了,但她没有返回去,她想到怀里的铅笔盒,想到同学们惊羡的目光,那些目光好像就在隧道里闪烁。她弯腰拔下一根枯草,将草茎插在小辫里。娘告诉她,这样可以"避邪"。然后她就朝隧道跑去,确切地说,是冲去。

香雪越走越热了,她解下围巾,把它搭在脖子上。她走出了多少里?不知道。尽管草丛里的"纺织娘""油葫芦"总在鸣叫着提醒她。台儿沟在哪儿?她向前望去,她看见迎面有一颗颗黑点在铁轨上蠕动。再近一些她才看清,那是人,是迎着她走过来的人群。第一个是凤娇,凤娇身后是台儿沟的姐妹们。

香雪想快点跑过去,但腿为什么变得异常沉重?她站在枕木上,回头望着笔直的铁轨,铁轨在月亮的照耀下泛着清淡的光,它冷静地记载着香雪的路程。她忽然觉得心头一紧，不知怎么的就哭了起来，那是欢乐的泪水，满足的泪水。面对严峻而又温厚的大山，她心中升起一种从未有过的骄傲。她用手背抹净眼泪，拿下插在辫子里的那根草棍儿，然后举起铅笔盒，迎着对面的人群跑去。

山谷里突然爆发了姑娘们欢乐的呐喊，她们叫着香雪的名字，声音是那样奔放、热烈；她们笑着，笑得是那样不加掩饰、无所顾忌。古老的群山终于被感动得战栗了，它发出洪亮低沉的回音，和她们共同欢呼着。

哦，香雪！香雪！

思考与练习

一、给下列加点字注音，根据拼音填写汉字

给予（　　）　纤细（　　）　怂恿（　　　　）

悸动（　　）　虔诚（　　）　窸窸窣窣（　　　　）

娇 chēn（　　　）　温 xīn（　　　）　斟 zhuó（　　　）　chóu（　　　）怅

二、解释下面句中加点的词语

1. 她们心不在焉地胡乱吃几口，扔下碗就开始梳妆打扮。
2. "北京话"陷在姑娘们的包围圈里，不知所措地嘟囔着。
3. "三顿！"她们每次都理直气壮地回答。
4. 杨树林窸窸窣窣地响着。

三、"火车"在这篇小说中象征着文明的载体，贯穿全文，使内容集中紧凑，为作品提供了独特的视角。品味下列描写火车的句子，说说加点词语在句子中的作用

1. 然而，两根纤细、闪亮的铁轨延伸过来了。它勇敢地盘旋在山腰，又悄悄地试探着前进，弯弯曲曲，曲曲弯弯，终于绕到台儿沟脚下，然后钻进幽暗的隧道，冲向又一道山梁，朝着神秘的远方奔去。

2. 它走得那样急忙，连车轮碾轧钢轨时发出的声音好像都在说：不停不停，不停不停！

3. 她有点害怕它那巨大的车头，车头那么雄壮地喷吐着白雾，仿佛一口气就能把台儿沟吸进肚里。它那撼天动地的轰鸣也叫她感到恐惧。在它跟前，她简直像一叶没根的小草。

4. 列车一头扎进黑暗，把她们撇在冰冷的铁轨旁边。很久，她们还能感觉到它那越来越轻的震颤。

四、这篇小说使用了很多抒情性的语言描写了香雪月夜归来时见到的景物，充分展露了人物复杂的内心活动。圈画这些景物，分析它们传递的思想感情。

五、读读记记

1. 青春不只是秀美的发辫和花色的衣裙，在青春的世界里，沙粒要变成珍珠，石头要化做黄金……青春的魅力，应当叫枯枝长出鲜果，沙漠布满森林；大胆的想望，不倦的思索，一往直前的行进，这才是青春的美，青春的快乐，青春的本分！

——【中国】郭小川

2. 青春是有限的，智慧是无穷的，趁短的青春，去学习无穷的智慧。

——【苏联】高尔基

基础写作：记叙文（写景状物）

风霜雾雨、日出日落、山川河流、草原海洋、花草鸟兽、田野村庄、风土人情、建筑奇观……精彩纷呈的大千世界经常出现在我们的记叙文中。我们要写好这一类写景状物的记叙文，就必须接触、了解、观察、感受它，以至加以描绘。如何使眼前之景不仅跃然纸上，还能寄情于景；如何能使身边之物不仅活灵活现，且可托物言志呢？现在，我们一起品读例文，然后归纳一下写景状物类记叙文的写作要求。

【例文一】

荷塘月色（节选）

曲曲折折的荷塘上面，弥望的是田田的叶子。叶子出水很高，像亭亭的舞女的裙。层层的叶子中间，零星地点缀着些白花，有袅娜地开着的，有羞涩地打着朵儿的；正如一粒粒的明珠，又如碧天里的星星，又如刚出浴的美人。微风过处，送来缕缕清香，仿佛远处高楼上渺茫的歌声似的。这时候叶子与花也有一丝的颤动，像闪电般，霎时传过荷塘的那边去了。叶子本是肩并肩密密地挨着，这便宛然有了一道凝碧的波痕。叶子底下是脉脉的流水，遮住了，不能见一些颜色；而叶子却更见风致了。

月光如流水一般，静静地泻在这一片叶子和花上。薄薄的青雾浮起在荷塘里。叶子和花仿佛在牛乳中洗过一样；又像笼着轻纱的梦。虽然是满月，天上却有一层淡淡的云，所以不能朗照；但我以为这恰是到了好处——酣眠固不可少，小睡也别有风味。月光是隔了树照过来的，高处丛生的灌木，落下参差的斑驳的黑影，峭楞楞如鬼一般；弯弯的杨柳的稀疏的倩影，却又像是画在荷叶上。塘中的月色并不均匀；但光与影有着和谐的旋律，如梵婀玲上奏着的名曲。

荷塘的四面，远远近近，高高低低都是树，而杨柳最多。这些树将一片荷塘重重围住；只在小路一旁，漏着几段空隙，像是特为月光留下的。树色一例是阴阴的，乍看像一团烟雾；但杨柳的丰姿，便在烟雾里也辨得出。树梢上隐隐约约的是一带远山，只有些大意罢了。树缝里也漏着一两点路灯光，没精打采的，是渴睡人的眼。这时候最热闹的，要数树上的蝉声与水里的蛙声；但热闹是它们的，我什么也没有。

【点评】《荷塘月色》是朱自清先生的美文名篇。本文景物描写的特点，在于将描写荷塘和描写月色巧妙地结合起来。荷塘，是月下的荷塘；月色，是荷塘上的月色，突出了优雅、朦胧、幽静之美。由远及近、由上而下的顺序、多角度地观察，抓住了景物的特征，也借由这宁静和谐之美表达了自身对高洁品格的追求。

【例文二】

在烈日和暴雨下

街上的柳树像病了似的，叶子挂着层灰土在枝上打着卷；枝条一动也懒得动，无精打采地低垂着。马路上一个水点也没有，干巴巴地发着白光。便道上尘土飞起多高，跟天上的灰气联接起来，结成一片毒恶的灰沙阵，烫着行人的脸。处处干燥，处处烫手，处处憋闷，整个老城像烧透了的砖窑，使人喘不过气来。狗趴在地上吐出红舌头，骡马的鼻孔张得特别大，小贩们不敢吆喝，柏油路晒化了，甚至于铺户门前的铜牌好像也要晒化。街上非常寂静，只有铜铁铺里发出使人焦躁的一些单调的丁丁当当。

……

云还没铺满天，地上已经很黑，极亮极热的晴午忽然变成了黑夜似的。风带着雨星，像在地上寻找什么似的，东一头西一头地乱撞。北边远处一个红闪,像把黑云掀开一块,露出一大片血似的。风小了,可是利飕有劲,使人颤抖。一阵这样的风过去,一切都不知怎么好似的,连柳树都惊疑不定地等着点什么。又一个闪,正在头上,白亮亮的雨点紧跟着落下来,极硬的,砸起许多尘土,土里微带着雨气。几个大雨点砸在祥子的背上,他哆嗦了两下。雨点停了,黑云铺满了天。又一阵风,比以前的更厉害,柳枝横着飞,尘土往四下里走,雨道往下落;风,土,雨,混在一起,联成一片,横着竖着都灰茫茫冷飕飕,一切的东西都裹在里面,辨不清哪是树,哪是地,哪是云,四面八方全乱,全响,全迷糊。风过去了,只剩下直的雨道,扯天扯地地垂落,看不清一条条的,只是那么一片,一阵,地上射起无数的箭头,房屋上落下万千条瀑布。几分钟,天地已经分不开,空中的水往下倒,地上的水到处流,成了灰暗昏黄的,有时又白亮亮的,一个水世界。

【点评】《在烈日和暴雨下》选自老舍《骆驼祥子》。文章描写了在烈日和暴雨下祥子及周围人的苦苦煎熬,真实地描绘了旧时北京一个人力车夫的悲惨命运。文中的"灰气""病""无精打采""黑夜似的""灰茫茫""灰暗昏黄"等词语,都显得暗淡低沉,有力地表现了天气的恶劣,传达出在这种恶劣环境中生活挣命的人力车夫的深深悲哀。用"丁丁当当"来衬托环境的宁静,传达出人们的焦躁和难耐。

【写作指导】

写作写景状物类的记叙文需要注意以下几点:

(一)仔细观察——要抓住景与物的特征

世界上的景物千差万别、各有姿态,要善于抓住在不同地区、不同季节、不同时间里的景物颜色、形态、声响、变化等方面的特征,只有抓住所写景物与众不同的独特之处,才能绘出它特殊的形象,写出它内在的韵味。怎样才能抓住景物的特征呢?唯有仔细观察,并且加以比较和思考。只有抓住事物的本质特征,才能找到别人没有的感受。观察是写好作文的基础,尤其对于写景状物作文，必须有细致准确的观察。观察必须确立好立足点。立足点可以是固定的（定点换景），也可以是变换的（定景换点、移步换景）。

（二）合理安排——要层次分明

写景状物时，需注意内容顺序的合理安排，层次分明，文章读起来才条理顺畅。

（1）按空间方位顺序：由远及近、由上而下、由外而内、前后、左右等等。

（2）按时间顺序：可按季节时令变换（春夏秋冬）或一日晨昏变化。

（3）按地点转换顺序：也称移步换景，即参观、游览顺序。

（4）按整体和局部的关系：先全景后局部、先局部后全景。

各种顺序在实际写作中，既可单独使用，也可结合使用。

（三）曲径通幽——要运用多种表达方式和表现手法

写景状物的记叙文虽然不以写景状物为最终目的，但要使文中的情有所依托，为抒情、说理打好基础，就必须文辞优美、语言生动形象。所谓曲径通幽处，精彩的文字和丰富的想象，更能激发读者阅读兴趣，引发无尽遐思。

（1）要写好景、物，除抓住事物特征之外，还应运用叙述、描写、说明、抒情、议论等多种表达方式和比喻、拟人、夸张等多种修辞手法，使所绘之景物具体、真实、生动、形象。

（2）注意描写景物动静结合。描写景物时，不仅要写出景物的静态，而且要写出它的动态，动静之态和谐地呈现出来，能让读者的印象更深刻。

（3）适当地、正确地引用前人描写景物的诗词歌赋，也可以为作文增色。这就需要平时多加阅读和积累。

（4）写景中也可以具体地写些人和事，将人、景、事三者交融一体来写，可以使作文更为感人。

（四）表情达意——要情景交融，表达独特感受

王国维在《人间词话》中云："有我之境，以我观物，故物皆着我之色彩。"

自然界的景、物本身并不带感情色彩，但是一被写进作品，就会烙上作者感情的印记而表现出鲜明的倾向性。写景物时需维系自己与景物之间的关系，要有意识地把自己的感情付诸景物，表达自己的独特感受。

我们写景状物首先要选择对自己有所触动的景或物，有感而发，继而表达一定的主题思想。文中既要有对自然万物的热爱，又要有自己独特的感受和情志。"一切景语皆情语"，情是景的灵魂，景是情的依托，或借景抒情、借景言理，或融情于景。只有将自己的主观情感与所描绘的客观景物相互交融，文章才会具有生命活力，也才能使读者感同身受。

训练设计

请选择你所在校园或你曾游玩过的某处景物写一篇状物记叙文。

要求：对景物要有顺序、有重点地进行描写，描写的内容要为所要表达的情志服务，托物言志。

古人云,一寸光阴一寸金,寸金难买寸光阴。古今中外,圣贤先哲、仁人志士,凡取得一定成就或在学术、事业上有所突破者,无一例外不对时间格外看重和珍惜。在时间的长河里,人的一生是极其短暂和有限的,珍惜并合理利用时间,就等于拉长了生命的长度。

在本单元中,李大钊在《今》中说,世界上最可宝贵的是"今",最易丧失的也是"今",劝诫人们珍惜时光,把握好"今"。《给匆忙走路的人》充满了思辨色彩,谈的是如何对待时间、对待人生,其中的哲理值得我们认真回味。《时间即生命》强调珍惜时间就是珍重生命。虽然人人爱惜生命,但很少人珍惜自己的时间。《假如今天是我生命中的最后一天》中,作者提出"假如今天是我生命中的最后一天"该怎么办呢?要把一天的时间珍藏好,不让一分一秒的时间滴漏。要把每分每秒化为甘露,一口一口,细细品尝,满怀感激。要每一分钟都有价值。要加倍努力,直到精疲力竭……《渐》中,丰子恺用渐说明时间在渐变,而人却难以感知,指出渐的本质就是时间在悄悄流逝。

本单元的综合实践活动为主持,通过介绍主持的概念、主持人的素质要求、主持中的技巧等,培养学生的语言组织能力和语言表达能力。

21 今[1]

李大钊

•课文导读•

《今》是一篇阐述珍惜时间的佳作,在它产生的那个年代具有振聋发聩的启蒙意义。中华民族精神负荷之重在于封建历史的漫长,李大钊从古老的民族精神中提出一个对待"今"的态度,阐述民族精神之面貌,立意新颖独特。在文中,李大钊说世界上最可宝贵的是"今",最易丧失的也是"今",劝诫人们珍惜时光,把握好"今"。全文气势雄健,语言缜密,神思奔放,结构谨严。要认真学习领会。

我以为世间最可宝贵的就是"今",最易丧失的也是"今"。因为他最容易丧失,所以更觉得他可以宝贵。

为甚么"今"最可宝贵呢?最好借哲人耶曼孙所说的话答这个疑问:"尔若爱千古,尔当爱现在。昨日不能唤回来,明天还不确实,尔能确有把握的就是今日。今日一天,当明日两天。"

为甚么"今"最易丧失呢?因为宇宙大化,刻刻流转,绝不停留。时间这个东西,也不因为吾人贵他爱他稍稍在人间留恋。试问吾人说"今"说"现在",茫茫百千万劫,究竟哪一刹那是吾人的"今",是吾人的"现在"呢?刚刚说他是"今"是"现在",他早已风驰电掣的一般,已成"过去"了。

---

[1] 选自《励志修身》(山东人民出版社2014年版)。李大钊(1889—1927),字守常,河北乐亭人,中国共产党主要创始人之一,不仅是中国共产党早期卓越的领导人,而且是学识渊博、勇于开拓的著名学者。

吾人若要糊糊涂涂把他丢掉，岂不可惜！

有的哲学家说，时间但有"过去"与"未来"，并无"现在"。有的又说，"过去""未来"皆是"现在"。我以为"过去未来皆是现在"的话倒有些道理。因为"现在"就是所有"过去"流入的世界。换句话说，所有"过去"都埋没于"现在"的里边。故一时代的思潮，不是单纯在这个时代所能凭空成立的。不晓得有几多"过去"时代的思潮，差不多可以说是由所有"过去"时代的思潮，一凑合而成的。吾人投一石子于时代潮流里面，所激起的波澜声响，都向永远流动传播，不能消灭。屈原的"离骚"，永远使

李大钊雕塑

人人感泣。打击林肯头颅的枪声，呼应于永远的时间与空间。一时代的变动，绝不消失，仍遗留于次一时代，这样传演，至于无穷，在世界中有一贯相连的永远性。昨日的事件与今日的事件，合构成数个复杂事件。此数个复杂事件与明日的数个复杂事件，更合构成数个复杂事件。势力结合势力，问题牵起问题。无限的"过去"都以"现在"为归宿，无限的"未来"都以"现在"为渊源。"过去""未来"的中间全仗有"现在"以成其连续，以成其永远，以成其无始无终的大实在。一掣现在的铃，无限的过去未来皆遥相呼应。这就是过去未来皆是现在的道理。这就是"今"最可宝贵的道理。

现时有两种不知爱"今"的人：一种是厌"今"的人，一种是乐"今"的人。

厌"今"的人也有两派：一派是对于"现在"一切现象都不满足，因起

一种回顾"过去"的感想。他们觉得"今"的总是不好，古的都是好。政治、法律、道德、风俗全是"今"不如古。此派人唯一的希望在复古。他们的心力全施于复古的运动。一派是对于"现在"一切现象都不满足，与复古的厌"今"派全同。但是他们不想"过去"，但盼"将来"。盼"将来"的结果，往往流于梦想，把许多"现在"可以努力的事业都放弃不做，单是耽溺于虚无缥缈的空玄境界。这两派人都是不能助益进化，并且很足阻滞进化的。

乐"今"的人大概是些无志趣无意识的人，是些对于"现在"一切满足的人，觉得所处境遇可以安乐优游，不必再商进取，再为创造。这种人丧失"今"的好处，阻滞进化的潮流，同厌"今"派毫无区别。

原来厌"今"为人类的通性。大凡一境尚未实现以前，觉得此境有无限的佳趣，有无疆的福利。一旦身陷其境，却觉不过尔尔，随即起一种失望的念、厌"今"的心。又如吾人方处一境，觉得无甚可乐，而一旦其境变易，却又觉得其境可恋，其情可思。前者为企望"将来"的动机，后者为反顾"过去"的动机。但是回想"过去"，毫无效用，且空耗努力的时间。若以企望"将来"的动机，而尽"现在"的努力，则厌"今"思想却大足为进化的原动。乐"今"是一种惰性（Inertia），须再进一步，了解"今"所以可爱的道理，全在凭他可以为创造"将来"的努力，决不在得他可以安乐无为。

热心复古的人，开口闭口都是说"现在"的境象若何黑暗，若何卑污，罪恶若何深重，祸患若何剧烈。要晓得"现在"的境象倘若真是这样黑暗，这样卑污，罪恶这样深重，祸患这样剧烈，也都是"过去"所遗留的宿孽，断断不是"现在"造的。全归咎于"现在"是断断不能受的。要想改变他，但当努力以创造将来，不当努力以回复"过去"。

照这个道理讲起来，大实在的瀑流永远由无始的实在向无终的实在奔流。吾人的"我"，吾人的生命，也永远合所有生活上的潮流，随着大实在的奔流，以为扩大，以为继续，以为进转，以为发展。故实在即动力，生命即流转。

忆独秀先生曾于《一九一六年》文中说过，青年欲达民族更新的希望，"必自杀其一九一五年之青年，而自重其一九一六年之青年。"我尝推广其意，也说过人生唯一的蕲向，青年唯一的责任，在"从现在青春之我，扑杀过去青春之我，促今日青春之我，禅让明日青春之我"。"不仅以今日青春之我，追杀今日白首之我，并宜以今日青春之我，豫杀来日白首之我。"实则历史的现象，时时流转，时时变易，同时还遗留永远不灭的现象和生命于宇宙之间，如何能杀得？所谓杀者，不过使今日的"我"不仍旧沉滞于昨天的"我"。而在今日之"我"中，固明明有昨天的"我"存在。不止有昨天的"我"，昨天以前的"我"，乃至十年二十年百千万亿年的"我"，都俨然存在于"今我"的身上。然则"今"之"我"，"我"之"今"，岂可不珍重自将，为世间造些功德？稍一失脚，必致遗留层层罪恶种子于"未来"无量的人，即未来无量的"我"，永不能消除，永不能忏悔。

我请以最简明的一句话写出这篇的意思来：

吾人在世，不可厌"今"而徒回思"过去"，梦想"将来"，以耗误"现在"的努力；又不可以"今"境自足，毫不拿出"现在"的努力，谋"将来"的发展。宜善用"今"，以努力为"将来"之创造。由"今"所造的功德罪孽，永久不灭。故人生本务，在随实在之进行，为后人造大功德，供永远的"我"享受、扩张、传袭，至无穷极，以达"宇宙即我，我即宇宙"之究竟。

思考与练习

一、给下列加点字注音

头颅（   ）　　耽溺（   ）　　阻滞（   ）　　宿孽（   ）

归咎（   ）　　蕲向（   ）　　俨然（   ）　　风驰电掣（   ）

二、本文透辟地论述过去、现在、未来三者的辩证关系，意在告诉我们什么道理？

三、文章采用了哪些论证方法？请举例并概述其作用。

四、如何理解"宜善用'今'，以努力为'将来'之创造。由'今'所造的功德罪孽，永久不灭"的含义？请结合你们正值青春年少的人生特点并引用恰当的名言警句简要回答。

五、读读记记

    1.敢于浪费哪怕一个钟头时间的人，说明他还不懂得珍惜生命的全部价值。

——【英国】达尔文

    2.集腋成裘，聚沙成塔。几秒钟虽然不长，却构成永恒长河中的伟大时代。

——【美国】弗莱彻

22 给匆忙走路的人①

严文井

•课文导读•

本文是一篇哲理色彩很浓的散文。作者在题目中所说的"匆忙走路的人"并不是指那些勤劳的人，而是指那些把宝贵的时光甚至一生都用在等待一个好时刻到来的人。他们把日子和精力都用在焦灼的期待上了，用数不尽的时光来换取最后的一刻，实在得不偿失，这种人活着犹如没有活。

文章喻抽象的哲理于生动而又贴切的比喻。全篇有一半的文字用来写小溪、星光、乐曲、画和陨星，使文章获得了一般的论说无法与之相比的艺术效果。本文的另一个特色在于作家没有冷冰冰地议理，而是倾注了自己的感情，在描写溪水、星光和陨星时，赞叹之情溢于言表。可以说这篇散文为我们提供了使哲理散文情理交融的范例。

我们每每在一些东西的边端上经过，因为匆忙使我们的头低下，往往已经走过了几次，还不知有些什么曾经在我们旁边存在。有一些人就永远处在忧愁的圈子里，因为他在即使不需要匆忙的时候，他的心也俨然是有所焦灼。等到稍微有一点愉快来找寻他，除非是因偶然注视别人一下，才令他反顾到自己那些陈旧的几个小角落（甚至于这些角落的情景因为他太草率地度过的

---

① 选自《新中国散文典藏（第二卷）》（山东友谊出版社2015年版），有改动。严文井（1915—2005），原名严文锦，湖北武昌人，作家、散文家、著名儿童文学家，代表作品有《南南和胡子伯伯》《丁丁的一次奇怪旅行》等。

缘故他也记不清了），这种人的唯一乐趣就是埋首于那贫乏的回忆里。

这样的人多少有点不幸。他的日子同精力都白白地消费在期待一个时刻，那个时刻对于他好像是一笔横财，那一天临到了，将要偿还他的一切。于是他弃掉那一刻以前所有的日子而处在焦虑粗率之中，也许真的那一刻可以令他满足，可是不知道他袋子内所有的时刻已经花尽了。我的心不免替他难过。

一条溪水从孕有它的湖泊往下注时，它就迸发着，喃喃地冲激着往平坦的地方流去。在中途，一根直立的芦苇可以使它发生一个旋涡，一块红沙石可以使它跳跃一下。它让时间像风磨一样地转，经过无数的曲折，不少别的细流汇集添加，最后才徐徐地带着白沫流入大海里，它的被人叹赏决不是因它最后流入了海。它自然地入海。诗人歌颂它的是它的闪光，它的旺盛；哲学家赞扬它的是它的力，它的曲折。这些长处都显现在它奔流当中的每一刻上，而不是那个终点。终点是它的完结。到达了终点，已经没有了它。它完结了。

我们岂可忽略我们途程上的每一瞬！

如果说为了惧怕一个最后的时候，故免不了忧虑，从此这个说话人的忧虑将永无穷尽，那是我们自己愿意加上的桎梏。

一颗星，闪着蓝色光辉的星，似乎不会比平凡多上一点什么，但它的光到达我们的眼里需要好几千年还要多。我们此刻正在惊讶的那有魅力的耀人眼目的一点星光，也许它的本体早已寂冷，或者甚至于没有了。如果一颗星想知道它自己的影响，这个想法就是愚人也会说它是妄想。星是静静地闪射它的光，绝没有想到永久同后来，它的生命就是不理会，不理会将来，不理会自己的影响。它的光是那样亮，我们每个人在静夜里昂头时都发现过那蓝空里的一点，却为什么没有多少人于星体有所领悟呢？

那个"最后"在具体的形状上如同一个点，达到它的途程如同一条线，我们是说一点长还是一条线长呢？

忽略了最大最长的一节，却专门守候那极小的最后的一个点，这个最会讲究利益同价值的人类却常常忽略了他自己的价值。

伟大的智者，你能保证有一个准确的最后一点，是真美，真有意义，超越以前一切的吗？告诉我，我不是怀疑者。

不是吗？最完善的意义就是一个时间的完善加上又一个时间的完善，生命的各个小节综合起来方表现得出生命，同各个音有规律地连贯起来才成为曲子，各个色有规律地组合起来才成为一幅画一样。专门等待一个最后的好的时刻的人就好像是寻找一个曲子完善的收尾同一幅画最后有力的笔触，但忽略了整个曲子或整幅画的人怎么会在最后一下表现出他的杰作来？

故此我要强辩陨星的存在不是短促的，我说它那摇曳的成一条银色光带消去的生命比任何都要久长，它的每一秒都没有虚掷，它的整个时辰都在燃烧，它的最后就是没有烬余，它的生命发挥得最纯净。如果说它没有一点遗留，有什么比那一瞬美丽的银光的印象留在人心里还要深呢！

过着一千年空白日子的人将要实实在在地为他自己伤心，因为他活着犹如没有活着。

思考与练习

一、根据文意，解释"匆忙走路的人"的含义。

二、作者为什么要用较多笔墨写溪水、星光、陨星？试作简要分析。

三、文章最后一段写到了匆忙走路的人的"伤心",文中哪些词语与之相呼应?这种写法有什么作用?

四、下列对这篇文章的赏析,错误的两项是(　　)

　　A.本文是一篇哲理色彩较浓的散文,它探讨的是关于如何对待人生、对待时间的问题。

　　B.除了比喻,文中还使用了拟人、反问、对比等修辞手法,使文章更富有艺术感染力。

　　C.作者认为,伟大的智者能保证他的"最后一点"是真美,又有意义,且超越以前一切的。

　　D.匆忙走路的人古今中外都有。在焦灼中生活,实在是人类的痼疾,作者对此给予了深刻尖锐的批判。

　　E.《给匆忙走路的人》中的"等待"和《等待戈多》中的"等待",其寓意不尽相同。

五、读读记记

　　1.抛弃今天的人,不会有明天;而昨天,不过是行云流水。

　　　　　　　　　　　　　　　　——【英国】约翰·洛克

　　2.不要为已消尽之年华叹息,必须正视匆匆溜走的时光。

　　　　　　　　　　　　　　　　——【德国】布莱希特

23 时间即生命①

梁实秋

·课文导读·

时间宝贵,这个道理我们都知道,但真正能做到珍惜时间的人却很少。综观中外古今,凡有成就者都惜时如金。把握住了生命中的分分秒秒,我们的生命会更有价值。就像《钢铁是怎样炼成的》中所说的"人最宝贵的是生命。生命每个人只有一次。人的一生应当这样度过:当回忆往事的时候,他不会因为虚度年华而悔恨,也不会因为碌碌无为而羞愧"。

让我们做时间的主人,努力拓展我们生命的宽度和厚度。

最令人怵目惊心的一件事,是看着钟表上的秒针一下一下的移动,每移动一下就是表示我们的寿命已经缩短了一部分。再看看墙上挂着的可以一张张撕下的日历,每天撕下一张就是表示我们的寿命又缩短了一天。因为时间即生命。没有人不爱惜他的生命,但很少人珍视他的时间。如果想在有生之年做一点什么事,学一点什么学问,充实自己,帮助别人,使生命成为有意义,不虚此生,那么就不可浪费光阴。这道理人人都懂,可是很少人真能积极不懈的善于利用他的时间。

我自己就是浪费了很多时间的一个人。我不打麻将,我不经常听戏看电影,

---

① 选自《梁实秋散文集·第2卷》(时代文艺出版社2015年版)。梁实秋(1903—1987),原名治华,字实秋,浙江杭县(今杭州)人,著名的散文家、学者、文学批评家、翻译家,主要作品有《雅舍小品》《槐园梦忆》《英国文学史》《莎士比亚全集》(译作)等。

几年中难得一次，我不长时间看电视，通常只看半小时，我也不串门子闲聊天。有人问我："那么你大部分时间都做了些什么呢？"我痛自反省，我发现，除职务上的必须及人情上所不能免的活动之外，我的时间大部分都浪费了。我应该集中精力，读我所未读过的书，我应该利用所有时间，写我所要写的东西，但是我没能这样做。我的好多的时间都糊里糊涂的混过去了，"少壮不努力，老大徒伤悲"。

例如我翻译莎士比亚，本来计划于课余之暇每年翻译两部，二十年即可完成，但是我用了三十年，主要的原因是懒。翻译之所以完成，主要的是因为活得相当长久，十分惊险。翻译完成之后，虽然仍有工作计划，但体力渐衰，有力不从心之感。假使年轻的时候鞭策自己，如今当有较好或较多的表现。然而悔之晚矣。

再例如，作为一个中国人，经书不可不读。我年过三十才知道读书自修的重要。我披阅，我圈点，但是恒心不足，时作时辍。五十以学易，可以无大过矣，我如今年过八十，还没有接触过易经，说来惭愧。史书也很重要。我出国留学的时候，我父亲买了一套同文石印的前四史，塞满了我的行箧①的一半空间，我在外国混了几年之后又把前四史原封带回来了。直到四十年后才鼓起勇气读了《通鉴》一遍。现在我要读的书太多，深感时间有限。

无论做什么事，健康的身体是基本条件。我在学校读书的时候，有所谓"强迫运动"，我踢破过几双球鞋，打断过几只球拍。因此侥幸维持下来最低限度的体力。老来打过几年太极拳，目前则以散步活动筋骨而已。寄语年轻朋友，千万要持之以恒的从事运动，这不是嬉戏，不是浪费时间。健康的身体是做人做事的真正的本钱。

---

① 【箧（qiè）】小箱子。

> 思考与练习

一、如何理解"没有人不爱惜他的生命,但很少人珍视他的时间"这句话?

二、作者说"作为一个中国人,经书不可不读",你认同这样的观点吗?

三、阅读梁实秋先生的其他文章,感悟其语言风格。

四、读读记记

　　1. 人生天地之间,若白驹过隙,忽然而已。　　——【中国】战国·庄子
　　2. 天可补,海可填,南山可移。日月既往,不可复追。
　　　　　　　　　　　　　　　　　　　　　　——【中国】清·曾国藩

24 假如今天是我生命中的最后一天①

【美国】奥格·曼狄诺

·课文导读·

人生在世，很容易得到的东西往往不懂得珍惜。倘若人们能把活着的每一天都看作生命中的最后一天，那一定会是一个完美的生活准则。这样人们就不会在失去以后才知道可贵，就不会发出希望时光倒流的感慨。读完本文，你定会明白拥有时间应该珍惜的道理。

文章以"假如今天是我生命中的最后一天"入题，回忆了许多逝去的东西并肯定了它们的不可改变的现实，劝诫人们要珍惜今天，拥有今天。只有珍惜拥有的人，人生才会少几许遗憾，多几分坦然。

假如今天是我生命中的最后一天。

我要如何利用这最后、最宝贵的一天呢？首先，我要把一天的时间珍藏好，不让一分一秒的时间滴漏。我不为昨日的不幸叹息，过去的已够不幸，不要再赔上今日的运道。

时光会倒流吗？太阳会西升东落吗？我可以纠正昨天的错误吗？我能抚平昨日的创伤吗？我能比昨天更年轻吗？一句出口的恶言，一记挥出的拳头，一切造成的伤痛，能收回吗？

---

① 选自《最伟大的激励：影响20世纪人类的励志文献》（浙江人民出版社2004年版）。奥格·曼狄诺（1924—1996），美国作家，主要作品有《世界上最伟大的推销员》《世界上最伟大的奇迹》《世界上最伟大的成功》等。

不能！过去的永远过去了，我不再去想它。

假如今天是我生命中的最后一天。

我该怎么办？忘记昨天，也不痴想明天。明天是一个未知数，为什么要把今天的精力浪费在未知的事上？想着明天的种种，今天的时光也白白流逝了。企盼今早的太阳再次升起，太阳已经落山。走在今天的路上，能做明天的事吗？我能把明天的金币放进今天的钱袋里吗？明日瓜熟，今日能蒂落吗？明天的死亡能给今天的欢乐蒙上阴影吗？我能杞人忧天吗？明天与昨天一样被我埋葬，我不再想它。

今天是我生命中的最后一天。

这是我仅有的一天，是现实的永恒。我像被赦免死刑的囚犯，用喜悦的泪水拥抱新生的太阳。我举起双手，感谢这无与伦比的一天。当我想到昨天和我一起迎接日出的朋友，今天已不复存在时，我为自己的幸运，感谢上苍。我是无比幸运的人，今天的时光是额外的奖赏。许多强者都先我而去，为什么我得到这额外的一天？是不是因为他们已大功告成，而我尚在旅途跋涉？如果是这样，这是不是成就我的一次机会，让我功德圆满？造物主的安排是否别具匠心？今天是不是我超越他人的机会？

今天是我生命中的最后一天。

生命只有一次，而也不过是时间的累积。我若让今天的时光白白流逝，就等于毁掉人生最后一页。因此，我珍惜今天的一分一秒，因为它们将一去不复返。我无法把今天存入银行，明天再来取用。时间像风一样可捕捉。每一分一秒，我要用双手捧住，用爱心抚摸，因为它们如此宝贵。垂死的人用毕生的钱财都无法换得一口气。我无法计算时间的价值，它们是无价之宝！

今天是我生命中的最后一天。

我憎恨那些浪费时间的行为，我要摧毁拖延的习性。我要以真诚埋葬怀疑，用信心驱赶恐惧。我不听闲话，不游手好闲，不与不务正业的人来往。我终于醒悟到，若是懒惰，无异于从我所爱之人手中窃取食物和衣裳。我不是贼，我有爱心，今天是我最后的机会，我要证明我的爱心和伟大。

今天是我生命中的最后一天。

今日事今日毕。今天我要趁孩子还小的时候，多加爱护，明天他们将离我而去，我也会离开。今天我要深情地拥抱我的妻子，给她甜蜜的热吻，明天她会离去，我也是。今天我要帮助落难的朋友，明天他不再求援，我也听不到他的哀求。我要乐于奉献，因为明天我无法给予，也没有人来领受了。

今天是我生命中的最后一天。

如果这是我的末日，那么它就是不朽的纪念日。我把它当成最美好的日子。我要把每分每秒化为甘露，一口一口，细细品尝，满怀感激。我要每一分钟都有价值。我要加倍努力，直到精疲力竭。即使这样，我还要继续努力。我要拜访更多的顾客，销售更多的货物，赚取更多的财富。今天的每一分钟都胜过昨天的每一小时，最后的也是最好的。

假如今天是我生命中的最后一天。如果不是的话，我要跪倒在上苍面前，深深致谢！

思考与练习

一、本文第2、6段在表现文章主旨方面起到怎样的作用？

二、请依据文章简要概括，作者认为应如何"把握今天"？

三、结合文意,分别说出以下两句在文中的含义

(1)我无法把今天存入银行,明天再来取用。

(2)若是懒惰,无异于从我所爱之人手中窃取食物和衣裳。

四、_____是贯穿全文的一条主线,试谈谈文章在语言上的特点。

五、读读记记

1.把活着的每一天看作生命的最后一天。　　——【美国】海伦·凯勒

2.不要老叹息过去,它是不再回来的;要明智地改善现在。要以不忧不惧的坚决意志投入扑朔迷离的未来。　　——【美国】朗费罗

25 渐①

丰子恺

•课文导读•

《渐》是一篇随笔。它的语言优美、细腻、文采飘逸、富有想象力,具有浓浓的文学韵味。形象的语言、鲜活的比喻、生活化的细节、平易近人的说理,是这篇阐理性散文的文学价值之所在。

文章的说理,层次井然有序,由易而难,由常人可感知的事例到抽象的社会人生,完全从阅读者的认知规律上进行抒写,这样的写法便于读者理解。

在《渐》中,常感到作者好像在和读者促膝谈心,他的态度谦和,语言娓娓动听,字里行间渗透着发自肺腑的思想感情。

丰子恺雕塑

使人生圆滑进行的微妙的要素,莫如"渐";造物主骗人的手段,也莫如"渐"。在不知不觉之中,天真烂漫的孩子"渐渐"变成野心勃勃的青年;慷慨豪侠的青年"渐渐"变成冷酷的成人;

---

① 选自《像鹰学会飞翔:励志篇》(南京师范大学出版社2014年版)。丰子恺(1898—1975),原名丰润,浙江嘉兴人,画家、散文家、书法家、翻译家,主要作品有《缘缘堂随笔》《画中有诗》《无用之美》等。

血气旺盛的成人"渐渐"变成顽固的老头子。因为其变更是渐进的,一年一年地、一月一月地、一日一日地、一时一时地、一分一分地、一秒一秒地渐进,犹如从斜度极缓的长远的山坡上走下来,使人不察其递降的痕迹,不见其各阶段的境界,而似乎觉得常在同样的地位,恒久不变,又无时不有生的意趣与价值,于是人生就被确实肯定,而圆滑进行了。假使人生的进行不像山陂①而像风琴的键板,由 do 忽然移到 re,即如昨夜的孩子今朝忽然变成青年;或者像旋律的"接离进行"地由 do 忽然跳到 mi,即如朝为青年而夕暮忽成老人,人一定要惊讶、感慨、悲伤,或痛感人生的无常,而不乐为人了。故可知人生是由"渐"维持的。这在女人恐怕尤为必要:歌剧中,舞台上的如花的少女,就是将来火炉旁边的老婆子,这句话,骤听使人不能相信,少女也不肯承认,实则现在的老婆子都是由如花的少女"渐渐"变成的。

人之能堪受境遇的变衰,也全靠这"渐"的助力。巨富的纨绔子弟因屡次破产而"渐渐"荡尽其家产,变为贫者;贫者只得做佣工,佣工往往变为奴隶,奴隶容易变为无赖,无赖与乞丐相去甚近,乞丐不妨做偷儿……这样的例,在小说中,在实际上,均多得很。因为其变衰是延长为十年二十年而一步一步地"渐渐"地达到的,在本人不感到甚么强烈的刺激。故虽到了饥寒病苦刑笞②交迫的地步,仍是熙熙然贪恋着目前的生的欢喜。假如一位千金之子忽然变了乞丐或偷儿,这人一定愤不欲生了。

这真是大自然的神秘的原则,造物主的微妙的工夫!阴阳潜移,春秋代序,以及物类的衰荣生杀,无不暗合于这法则。由萌芽的春"渐渐"变成绿荫的夏,由凋零的秋"渐渐"变成枯寂的冬。我们虽已经历数十寒暑,但在围炉拥衾③的冬夜仍是难于想象饮冰挥扇的夏日的心情;反之亦然。然而由冬一

---

① 【陂(bēi)】山坡。
② 【笞(chī)】用鞭、杖或竹板子打。
③ 【衾(qīn)】被子。

天一天地、一时一时地、一分一分地、一秒一秒地移向夏,由夏一天一天地、一时一时地、一分一分地、一秒一秒地移向冬,其间实在没有显著的痕迹可寻。昼夜也是如此:傍晚坐在窗下看书,书页上"渐渐"地黑起来,倘不断地看下去(目力能因了光的渐弱而渐渐加强),几乎永远可以认识书页上的字迹,即不觉昼之已变为夜。黎明凭窗,不瞬目地注视东天,也不辨自夜向昼的推移的痕迹。儿女渐渐长大起来,在朝夕相见的父母全不觉得,难得见面的远亲就相见不相识了。往年除夕,我们曾在红蜡烛底下守候水仙花的开放,真是痴态!倘水仙花果真当面开放给我们看,便是大自然的原则的破坏,宇宙的根本的摇动,世界人类的末日临到了!

"渐"的作用,就是用每步相差极微极缓的方法来隐蔽时间的过去与事物的变迁的痕迹,使人误认其为恒久不变。这真是造物主骗人的一大诡计!这有一件比喻的故事:某农夫每天朝晨抱了犊而跳过一沟,到田里去工作,夕暮又抱了它跳过沟回家。每日如此,未尝间断。过了一年,犊已渐大,渐重,差不多变成大牛,但农夫全不觉得,仍是抱了它跳沟。有一天他因事停止工作,次日再就不能抱了这牛而跳沟了。造物的骗人,使人留连于其每日每时的生的欢喜而不觉其变迁与辛苦,就是用这个方法的。人们每日在抱了日重一日的牛而跳沟,不准停止。自己误以为是不变的,其实每日在增加其苦劳!

我觉得时辰钟是人生的最好的象征了。时辰钟的针,平常一看总觉得是"不动"的,其实人造物中最常动的无过于时辰钟的针了。日常生活中的人生也如此,刻刻觉得我是我,似乎这"我"永远不变,实则与时辰钟的针一样的无常!一息尚存,总觉得我仍是我,我没有变,还是留连着我的生,可怜受尽"渐"的欺骗!

"渐"的本质是"时间"。时间我觉得比空间更为不可思议,犹之时间艺术的音乐比空间艺术的绘画更为神秘。因为空间姑且不追究它如何广大或无限,我们总可以把握其一端,认定其一点。时间则全然无从把握,不可挽留,只有过去与未来在渺茫之中不绝地相追逐而已。性质上既已渺茫不可思议，分量上在人生也似乎太多。因为一般人对于时间的悟性，似乎只够支配搭船乘车的短时间；对于百年的长期间的寿命，他们不能胜任，往往迷于局部而不能顾及全体。试看乘火车的旅客中，常有明达的人，有的宁牺牲暂时的安乐而让其坐位于老弱者，以求心的太平（或博暂时的美誉）；有的见众人争先下车，而退在后面，或高呼"勿要轧①，总有得下去的！""大家都要下去的！"然而在乘"社会"或"世界"的大火车的"人生"的长期的旅客中，就少有这样的明达之人。所以我觉得百年的寿命，定得太长。像现在的世界上的人，倘定他们搭船乘车的期间的寿命，也许在人类社会上可减少许多凶险残惨的争斗，而与火车中一样的谦让、和平，也未可知。

然人类中也有几个能胜任百年的或千古的寿命的人。那是"大人格"，"大人生"。他们能不为"渐"所迷，不为造物所欺，而收缩无限的时间并空间于方寸的心中。故佛家能纳须弥于芥子。中国古诗人（白居易）说："蜗牛角上争何事？石火光中寄此身。"英国诗人（Blake）也说："一粒沙里见世界，一朵花里见天国；手掌里盛住无限，一刹那便是永劫②。"

---

① 【轧（gá）】拥挤。
② 【永劫】佛教中指永无穷尽之时。

思考与练习

一、下列对本文相关内容和艺术特色的分析鉴赏，不正确的一项是（　　）

　　A. "圆滑"概括了人的一生的整体变化，在岁月的冲刷下，人生就像鹅卵石一样渐渐失去了棱角。

　　B. 作者指出人之所以能适应人生境遇的种种变化，就是因为这些变化是在相当长的时间里达到的。

　　C. 时间之所以让人感到渺茫和不可思议，是因为和空间相比，时间既无法把握，又无法挽留。

　　D. 这篇散文语言优美、细腻，文采飘逸、富有想象力，字里行间流露出浓浓的文学韵味，让人回味无穷。

二、本文围绕"渐"阐发感悟，请梳理概括全文的思路。

三、如何理解文章结尾引用两处诗句的含义和作用？请结合文本简要分析。

四、读读记记

　　1. 少年易学老难成，一寸光阴不可轻。　　　　　——【中国】宋·朱熹

　　2. 吾生也有涯，而知也无涯。　　　　　　　　　——【中国】战国·庄子

综合实践活动：主持

活动目标：

1. 掌握主持基本流程、能担任一场活动或会议的主持人。

2. 灵活运用主持基本技巧，并将之内化为思维模式，运用到工作、生活当中。

活动准备：

了解主持的基础知识。

一、什么是主持

主持指"负责掌管或处理"，如主持活动、主持会议、主持节目等等。主持作为一种口头表达的技能，无论在学习、工作，还是在生活中，应用得都非常广泛，因此我们有必要掌握一些简单的主持技巧。

主持主要分为两类：会议主持和活动主持。活动主持包括演讲、辩论、竞赛、联欢等文体、艺术和社交活动的主持。

主持人的主要作用是保障活动（会议）正常、顺利开展，负责对活动（会议）实施过程加以积极协调和有效推进。

二、主持人的素质要求

作为整场活动（会议）的掌控者，主持人应具备较高的综合素质，如丰富的文化素养、敏锐的观察力、灵活的应变力等。

1. 丰富的文化素养

拥有广博的文化知识，是做好主持工作的基础条件。这就要求我们博览群书，对各门学科知识都有所涉猎。因为主持人不是报幕员，需要应对各种情况。像知名主持人董卿在主持《中国诗词大会》《朗读者》的时候就展示出了丰富的文化素养。

2. 敏锐的观察力

主持人要负责整场活动（会议）的推进工作，为了保障活动（会议）的顺利开展，主持人要具有敏锐的观察力，要能针对场上各种复杂的情况，细致地进行观察并迅速做出正确的判断，才能有条不紊、不动声色地控制全场。

3. 灵活的应变力

快速地开展思考，准确地进行综合与判断，巧妙地根据所在场合的群众情绪、气氛和突发的新情况调整语言并做出处置，这一切对于主持人十分重要。主持人要注意培养良好的控场应变的能力，学会破解因某种失误而造成的僵局。

活动实施技巧

一、主持前的准备

主持人应该事先研究活动（会议）的内容和过程，进行相应的准备。内容的准备主要包括：确定议程；突出活动（会议）的要点；场面出现不利情况时的处理办法；怎样启发和引导所主持事项的顺利开展等。过程的准备主要包括：时间和节奏的把握；停止和转移话题；在两个具体内容之间的串接和铺垫；开场和收尾等。

二、主持中的技巧

1. 开场的技巧

"好的开始是成功的一半。"设计开场白要针对主持的内容和预期目的，同时兼顾参与对象的具体情况，还要注意环境因素等。开场白要做到：简明扼要介绍活动（会议）的主题、目的、准备情况；用启发和诱导性的语言引导参与者进入角色；营造一定的场面气氛；调动参与者的参与情绪和注意力等。

例一：《朗读者》第一期节目开场白

大家好，我是董卿。今天，是《朗读者》节目第一次和观众见面，所以，我们第一期节目的主题词，也特意选择了——遇见。

古往今来，有太多太多的文字，在描写着各种各样的遇见。

"蒹葭苍苍，白露为霜，所谓伊人，在水一方。"这是撩动心弦的遇见；

"这位妹妹，我曾经见过。"这是宝玉和黛玉之间，初见面时欢喜的遇见；

"幸会，今晚你好吗？"这是《罗马假日》里，安妮公主糊里糊涂的遇见；

"遇到你之前，我没有想过结婚，遇到你之后，我结婚没有想过和别的人。"这是钱钟书和杨绛之间，决定一生的遇见。

所以说，遇见仿佛是一种神奇的安排，它是一切的开始。也希望从今天开始，《朗读者》和大家的遇见，能够让我们彼此之间，感受到更多的美好。

例二：

1997年6月30日上午，驻港部队誓师大会开始前一个小时，突降大雨，四十分钟后，又突然放晴，著名主持人白岩松现场即兴说了这样的开场白：一场大雨洗刷的是中国百年的耻辱，而风雨过后，是中国晴朗的天空。

2. 串接的技巧

主持人最重要的任务之一就是穿针引线，起到推进或缓冲的作用。如前面的节奏慢了或主题偏了，需要通过主持人来调节推进；前面的节奏快了或气氛紧张了，也需要主持人缓冲一下。如何引导整个活动（会议）循着正确的轨道，保持积极的运行状态，这些都是主持人在主持中所要做的工作。

串接要遵循的原则就是巧妙、自然、因势利导。

3. 应变的技巧

主持的过程中一般都会有一些意料不到的变化，遇到变化时主持人首先要做到沉着冷静，遇变不慌；其次要有一定的应对策略，用从容恰当的方式加以化解。

例：

  有一次，扮演周恩来总理的演员在台上表演的时间过长，部分观众开始喝倒彩表达不满。这个时候主持人迅速走到台前，模仿毛泽东主席说话的语气讲道：恩来同志，你今天工作太累了，你要为我们保重身体啊，现在你还是下去休息一下吧。听到此言，台下的观众纷纷报以会心的微笑和掌声，台上的演员也乘机体面地结束了演出。

  4. 结尾的技巧

  活动（会议）进入尾声，虽然就要结束，但仍要讲究技巧，切忌草率急躁，匆匆收场。要巧于终结，再展高潮。

  结尾没有固定的形式，大致说来主要有总结、号召、赞扬、祝贺、抒情等不同形式。

  如自然式结尾：

  今天的会就开到这，希望会上的决定能变为会后的行动。各位在工作中要身先士卒，吃苦在前，享受在后。但愿下一次在这里开的是一个庆功会、表彰会。好，散会！

三、综合训练

  在班级内组织一场主持人大赛，比赛可分为初赛、决赛两轮。

  （一）初赛流程

  1. 自我介绍 30 秒

  （要求选手普通话标准，表情、动作自然）

  2. 模拟主持 5-6 分钟

  （选手准备自己喜欢或熟悉的一类节目，进行模拟主持。）

  （二）决赛流程

  1. 才艺展示 2-3 分钟

  （选手展示具有自己特色的才艺，形式不限）

2. 现场主持 5-6 分钟

(评委现场出题,由选手准备 2 分钟后展示)

3. 即兴问答 2 分钟

(由评委提问,选手回答)

附录

中国古代文化常识选编

姓名、称谓

一、人物姓名称谓

1. 直称姓名。

①用于自称：庐陵文天祥自序其诗。（《〈指南录〉后序》）

②用于所厌恶所轻视的人：不幸吕师孟构恶于前，贾余庆献谄于后。（《〈指南录〉后序》）

③用于作介绍，为人作传：柳敬亭者，扬之泰州人。（《柳敬亭传》）

④尊者对卑者称名：求，尔何如？（《论语》）

⑤在尊者面前，卑者互称用名：夫子何哂由也？（《论语》）

2. 称字、号、谥号、斋名。这种情况是称呼者出于对被称呼者的礼貌和尊敬。

①称字：东阳马生君则，在太学已二年。（《送东阳马生序》）

②称号：五人者，盖当蓼洲周公之被逮，激于义而死焉者也。（《五人墓碑记》）

③称谥号：乡先辈左忠毅公视学京畿。（《左忠毅公逸事》）

④称斋号：蒲松龄为"聊斋先生"，梁启超为"饮冰室主人"。

3. 称官爵。

①称官名：后人称杜甫为"杜工部"，称韩愈为"韩吏部"。

②称爵名：宁南南下，皖帅欲结欢宁南。（《柳敬亭传》）

4. 称籍贯。

今南海之生死未可卜。（"南海"代指康有为）（《谭嗣同传》）

5.兼称。这种情况一般是先说官职,次称籍贯,后称姓名、字号。

四人者,庐陵萧君圭君玉、长乐王回深父、余弟安国平父、安上纯父。(《游褒禅山记》)

6.特殊称谓。

①在姓氏后加上行第(或再加上名号、官爵):韩愈《同水部张员外籍曲江春游寄白二十二舍人》

②职业+人名:庖丁为文惠君解牛。(《庄子·养生主》)

③姓+之+人名:国危矣,若使烛之武见秦君,师必退。(《左传·僖公三十年》)

④封地+人名:商鞅姓卫,商为其封地。

二、谦称、敬称、贱称、特定称

1.谦称。

①王侯自称:孤不度德量力。(《隆中对》)

②臣子自称:项伯杀人,臣活之。(《鸿门宴》)

③一般人自称:愚以为宫中之事……(《出师表》)

某自幼熟读兵书。(《失街亭》)

鄙人不慧,将有志于世。(《中山狼传》)

④女子自称:妾不堪驱使,徒留无所施。(《<孔雀东南飞>并序》)

2.敬称。

①称君王:以昭陛下平明之理。(《出师表》)

②称庙号,多称已死的皇帝:时世宗享国日久,不视朝。(《海瑞传》)

③称师长:夫子哂之。(《论语》)

④称朋友、尊长:公等遇雨,皆已失期。(《史记·陈涉世家》)

3.贱称。

竖子不足与谋!(《鸿门宴》)

4.特定称。

①加"从"表示叔伯关系：谢安，字安石，尚从弟也。（《谢安传》）

②加"太"表示长一辈：必躬造左公第，候太公太母起居。（《左忠毅公逸事》）

③加"先"表示已经逝世的尊长：妪，先大母婢也。（《项脊轩志》）

先考，指已逝的父亲；先妣（bǐ），指已故的母亲。

三、名、字、号

古人有取字、号的习惯。名，一般指人的姓名或单指名。幼年时由父母命名，供长辈称唤。男子20岁（成人）举行加冠礼时取字，女子15岁许嫁举行笄（jī）礼时取字，以示尊重或供朋友称呼。

名和字一般在意义上存在着一定的联系，有两种情况：

①"名"和"字"词义相近或"字"是对"名"的进一步阐述。例如，屈原名平，字原，"原"是宽阔平坦的意思。

②"名"和"字"意思相反。例如，曾点，字晳。"点"指小黑点，"晳"指肤色洁白，"点"与"晳"意思相反。古人取字，通常是以两个字为"字"。例如，诸葛亮，字孔明。古人通常在表示对对方的尊敬时称自己的名，表示自己谦卑时也称自己的名。例如"不然，籍何以至此"中的"籍"就是项羽自呼己名，表示对对方的尊敬。

除名和字之外，古人还有号（又称别字）。号是名和字以外的称号。古时，人们为了尊重别人，一般不直呼其名，也不称其字，而称其号。号和名不一定有意义上的联系。号可以有两个字的，也可以有三个字以上的。例如：陆游，号放翁；陶潜，号五柳先生；苏轼，号东坡居士。字数多的别号有时压缩为两个字，如苏东坡。此外，有人认为称别人的字、号还不够尊敬，于是就以其官职、籍贯来称呼，如称杜甫为杜工部，称柳宗元为柳河东。

四、谥号、庙号、年号

1. 谥号。古代帝王、诸侯、高官大臣等死后,朝廷根据他们的生平行为给予一种称号以褒善贬恶,称为谥或谥号。谥号是对死者生前事迹和品德的概括。谥号按性质分为三类:

①表扬性的。经天纬地曰文。布义行刚曰景。威强睿德曰武。柔质慈民曰惠。圣闻周达曰昭。圣善闻周曰宣。行义悦民曰元。安民立政曰成。布纲治纪曰平。照临四方曰明。辟土服远曰桓。聪明睿智曰献。温柔好乐曰康。布德执义曰穆。

②批判性的。乱而不损曰灵。杀戮无辜曰厉。近内远礼曰炀。

③表同情的。恭仁短折曰哀。慈仁短折曰怀。在国遭忧曰愍。

2. 庙号。是指皇帝死后,在太庙立室供奉时特起的名号,如高祖、太宗等。从汉代起,每个朝代一般是第一个皇帝的谥号太长,不便称呼,所以唐宋以来的皇帝都改称庙号,如唐太宗、宋太祖。到了明、清两代才用年号来称呼。

3. 年号。是纪年的名称,也是帝王用的,如"贞观"是唐太宗李世民的年号。

五、改元、尊号、徽号

1. 改元。新皇帝即位后,一般都要改变纪年的年号,称为"改元"。同一皇帝在位时也可以改元,如汉武帝改了十一次年号,唐高宗用过十四个年号。到了明代以后,才规定一帝一元,才有可能用年号来称呼皇帝。如清高宗的年号是乾隆,清高宗就被称为乾隆皇帝。

2. 尊号、徽号。"尊"为尊称,"徽"为美好。"尊号"和"徽号"都是为尊者加上的号,以表示尊崇褒美的意思。尊号起于唐代。皇帝和皇后往往在生前就有尊号。如唐玄宗开元二十七年受尊号为开元圣文神武皇帝,清代同治皇帝曾尊生母那拉氏为圣母皇太后,再加上徽号为"慈禧"。封建时代帝后的尊号可以加几次,实际上都是臣子对他们的阿谀奉承。现代也有赠送徽号这种情况,但性质和内容已不一样,如孙炳文曾赠给郭沫若一个徽号——"戎马先生"。

六、年龄称谓

古人的年龄有时不用数字表示，不直接说出某人多少岁或自己多少岁，而是用一种与年龄有关的称谓来代替。

初度：小儿初生之时。

襁褓：本义是包裹婴儿的被子和带子。语出《论语·子路》："则四方之民襁褓负其子而至矣。"后来以此来借指未满周岁的婴儿。

孩提：指两三岁的儿童。例如：孩提之童，无不知爱其亲者。（《孟子·尽心上》）

齿龀·龆龀（tiáo chèn）：指儿童换牙时，五六岁。例如：有遗男，始龀。（《愚公移山》）

总角·垂髫：指幼年儿童。例如：总角之宴，言笑晏晏。（《诗经·氓》）黄发垂髫，并怡然自乐。（《桃花源记》）

豆蔻年华：指女子十三四岁。例如：娉娉袅袅十三余，豆蔻梢头二月初。（杜牧《赠别》）

笄年：指女子15岁。例如：复有双幼妹，笄年未结褵。（白居易《对酒示行简》）

束发·成童：指男子15岁。例如：余自束发读书轩中。（《项脊轩志》）

冠·加冠·弱冠：指男子20岁。例如：既加冠，益慕圣贤之道。（《送东阳马生序》）

而立之年：指30岁。例如：子曰："吾十有五而志于学，三十而立。"（《论语·为政》）

不惑之年：指40岁。

知命·知天命·半百·知非之年：指50岁。

花甲·花甲子：指60岁。十天干和十二地支按顺次组合为六十个纪序名号，自甲子到癸亥，错综参互相配，故称花甲或花甲子。

耆（qí）艾：古指60岁为耆，50岁为艾。

古稀：指70岁。例如：酒债寻常行处有，人生七十古来稀。（杜甫《曲江》）

耆耋（dié）：指高寿，老年。耋多指七八十岁。

耄（mào）耋：指高寿，老年。耄指八九十岁。

期（qī）颐：称百岁之寿。

花甲重开：指120岁。

古稀双庆：指140岁。

七、特殊称谓

1. 百姓的称谓。常见的有布衣、黔首、黎民、黎庶、黎元、生民、庶民、苍生、氓等。

2. 职业的称谓。对一些以技艺为职业的人，称呼时常在其名前面加一个表示他的职业的字眼，让人一看就知道这人的职业身份。如《庖丁解牛》中的"庖丁"，"丁"是名，"庖"是厨师，表明职业。

3. 不同的朋友关系之间的称谓。贫贱而地位低下时结交的朋友叫"贫贱之交"；情谊契合、亲如兄弟的朋友叫"金兰之交"；同生死、共患难的朋友叫"刎颈之交"；遇到磨难时结成的朋友叫"患难之交"；情投意合、友谊深厚的朋友叫"莫逆之交"；从小一块儿长大的异性好朋友叫"竹马之交"；以平民身份相交往的朋友叫"布衣之交"；辈分不同、年龄相差较大的朋友叫"忘年交"；不拘于身份、形迹的朋友叫"忘形交"；不因贵贱的变化而改变深厚友情的朋友叫"车笠交"；在道义上彼此支持的朋友叫"君子交"；心意相投、相知很深的朋友叫"神交"（"神交"也指彼此慕名而未见过面的朋友）。

天文、历法

一、天文

1. 星宿（xiù）。古代把星座称作星宿。古人认为人间有功名的人是天上星宿降生的，这是迷信说法。

2. 二十八宿。又叫二十八舍或二十八星，是古人为观测日、月、五星运行而划分的二十八个星区，用来说明日、月、五星运行所到的位置。每宿包含若干颗恒星。二十八宿的名称，自西向东排列为：东方苍龙七宿（角、亢、氐（dī）、房、心、尾、箕）；北方玄武七宿（斗、牛、女、虚、危、室、壁）；西方白虎七宿（奎、娄、胃、昴（mǎo）、毕、觜（zī）、参）；南方朱雀七宿（井、鬼、柳、星、张、翼、轸）。

3. 四象。古人把东、北、西、南四方每一方的七宿想象为四种动物形象，叫作四象。东方七宿如同飞舞在春末夏初夜空的巨龙，故而称为东官苍龙；北方七宿似蛇、龟出现在夏末秋初的夜空，故而称为北官玄武；西方七宿犹猛虎跃出深秋初冬的夜空，故而称为西官白虎；南方七宿像一展翅飞翔的朱雀，出现在寒冬早春的夜空，故而称为南官朱雀。

4. 分野。古代占星家为了用天象变化来占卜人间的吉凶祸福，将天上星空区域与地上的国州互相对应，称作分野。具体说就是把某星宿当作某封国的分野，某星宿当作某州的分野，或反过来把某国当作某星宿的分野，某州当作某星宿的分野。

5. 昴宿。西方白虎七宿的第四宿，由七颗星组成，又称旄头（旗头的意思）。

6. 参商。参指西官白虎七宿中的参宿，商指东官苍龙七宿中的心宿，是心宿的别称。参宿在西，心宿在东，二者在星空中此出彼没，彼出此没，因此常用来喻人分离不得相见。

7. 壁宿。指北官玄武七宿中的第七宿，由两颗星组成，因其在室宿的东边，很像室宿的墙壁，又称东壁。

8. 流火。流，下行；火，指大火星，即东官苍龙七宿中的心宿。

9. 北斗。又称"北斗七星"，指在北方天空排列成斗形（或枓形）的七颗亮星。七颗星的名称是：天枢、天璇、天玑、天权、玉衡、开阳、摇光。排列如斗枓，故称"北斗"。根据北斗星便能找到北极星，故又称"指极星"。

10. 北极星。星座名，是北方天空的标志。古代天文学家对北极星非常尊重，认为它固定不动，众星都围绕着它转。其实，由于岁差的原因，北极星也在变更。三千年前周代以帝星为北极星，隋朝宋元明以天枢为北极星，一万两千年以后，织女星将会成为北极星。

11. 彗星袭月。彗星俗称扫帚星，彗星袭月即彗星的光芒扫过月亮，按迷信的说法是重大灾难的征兆。

12. 白虹贯日。"虹"实际上是"晕"，大气中的光学现象。这种现象的出现，往往是天气将要变化的预兆，可是古人却把这种自然现象视作将要发生异常事情的预兆。

13. 运交华盖。华盖，星座名，共十六星，在五帝座上，今属仙后座。旧时迷信，以为人的命运中犯了华盖星，运气就不好。

14. 月亮的别称。月亮是古诗文提到的自然物中最突出的被描写的对象。它的别称可分为：

（1）因初月如钩，故称银钩、玉钩。

（2）因弦月如弓，故称玉弓、弓月。

（3）因满月如轮如盘如镜，故称金轮、玉轮、银盘、玉盘、金镜、玉镜。

（4）因传说月中有兔和蟾蜍，故称银兔、玉兔、金蟾、银蟾、蟾宫。

（5）因传说月中有桂树，故称桂月、桂轮、桂宫、桂魄。

（6）因传说月中有广寒、清虚两座宫殿，故称广寒、清虚。

（7）因传说为月亮驾车之神名望舒，故称月亮为望舒。

（8）因传说嫦娥住在月中，故称月亮为嫦娥。

（9）因人们常把美女比作月亮，故称月亮为婵娟。

15. 东曦。古代神话说太阳神的名字为羲和，驾着六条无角的龙拉的车子在天空驰骋。东曦指初升的太阳。

16. 天狼星。为全天空最明亮的恒星。

17. 老人星。为全天空第二颗最明亮的星，也是南极星座最明亮的星。民间把它称作寿星。北方的人若能见到它，便是吉祥太平的事。

18. 牵牛织女。"牵牛"即牵牛星，又叫牛郎星，是夏秋夜空中最亮的星，在银河东。"织女"即织女星，在银河西，与牵牛星相对。

19. 银河。又名银汉、天河、天汉、星汉、云汉，是横跨星空的一条乳白色亮带，由一千亿以上的恒星组成。

20. 文曲星。星宿名之一。旧时迷信说法，文曲星是主管文运的星宿，文章写得好而被朝廷录用为大官的人是文曲星下凡。

21. 天罡。古星名，指北斗七星的柄。

22. 云气。古代迷信说法，龙起生云，虎啸生风，即所谓"云龙风虎"。又说真龙天子所产生的地方，天空有异样的云气，占卜测望的人能够看出。

二、历法

1. 纪年法。

（1）干支纪年法。干，即天干，共十位：甲、乙、丙、丁、戊、己、庚、辛、壬、癸。支，即地支，共十二位：子、丑、寅、卯、辰、巳、午、未、申、酉、戌、亥。干支两字相配，用以纪年，如辛亥、戊戌之类。十和十二的最小公倍数为六十，因而经六十年，周而复始，循环不已，经久不乱，永无穷尽。"六十甲子"依次是：甲子、乙丑、丙寅、丁卯、戊辰、己巳、庚午、辛未、壬申、癸酉、甲戌、乙亥、丙子、丁丑、戊寅、己卯、庚辰、辛巳、壬午、癸未、甲申、乙酉、丙戌、丁亥、戊子、己丑、庚寅、辛卯、壬辰、癸巳、甲午、乙未、丙申、丁酉、戊戌、己亥、庚子、辛丑、壬寅、癸卯、甲辰、乙巳、丙午、丁未、戊申、己酉、庚戌、辛亥、壬子、癸丑、甲寅、乙卯、丙辰、丁巳、戊午、己未、庚申、辛酉、壬戌、癸亥。

（2）帝王年号纪年法。皇帝继位，都要改元，称元年。从汉武帝起有年号，后多用年号纪年。例如：宣德间，宫中尚促织之戏。（《促织》）

（3）王公年次纪年法。这种纪年法大多用于春秋、战国时代。例如：赵惠文王十六年，廉颇为赵将。（《廉颇蔺相如列传》）

（4）年号和干支兼用。例如：顺治二年乙酉四月，江都围急。（《梅花岭记》）

2. 纪月法。

（1）序数纪月法。古代纪月，常用序数。一年分为春夏秋冬四季，后来又按夏历把一年分为正月、二月、三月……十月、冬月、腊月共十二个月，并以此来纪月。

（2）时节纪月法。有的用"孟""仲""季"分别表示一季中的三个月份。如"孟春（一月）""仲秋（八月）"。例如：孟冬寒气至，北风何惨栗。（《古诗十九首》）

（3）地支纪月法。古人常以十二地支配称十二个月，每个地支前加特定的"建"字。例如：荒村建子月（农历十一月），独树老夫家。（《草堂即事》）

3. 纪日法。

（1）序数纪日法。如《梅花岭记》："二十五日，城陷，忠烈拔刀自裁。"《项脊轩志》："三五之夜，明月半墙。""三五"指农历十五日。

（2）干支纪日法。如《石钟山记》"元丰七年六月丁丑"，即农历六月九日。《登泰山记》"是月丁未"，指这个月的十八日。古人还单用天干地支来表示特定的日子。如《礼记·檀弓》："子卯不乐"，"子卯"代指恶日或忌日。

（3）月相纪日法。指用"朔、朏、望、既望、晦"等表示月相的特称来纪日。每月第一天叫朔，每月初三叫朏，月中叫望（小月十五日，大月十六日），望后这一天叫既望，每月最后一天叫晦。如《祭妹文》："此七月望日事也。"《赤壁赋》："壬戌之秋，七月既望。"

4. 纪时法。

（1）特定称谓纪时法。古人主要根据天色把一昼夜分为若干段。一般地说，日出时叫旦、早、朝、晨，日入时叫夕、暮、昏、晚，太阳正中叫日中，将近日中叫隅中，太阳西斜叫昃。古人一日两餐，朝食在日出之后、隅中之前，这段时间叫食时或蚤食。夕食在日昃之后日入之前，这段时间叫晡时。日入以后是黄昏，黄昏以后是人定，人定以后是夜半，夜半以后分别是鸡鸣和昧旦，这是天将亮的时间。此后是平旦、平明，这是天亮的时间。

（2）十二地支纪时法。古人用十二地支表示十二个时辰，每个时辰恰好等于现在的两个小时。这两个小时，古人把第一个小时叫做初，第二个小时叫做正。例如子时两个小时就叫子初、子正。

5. 古代计时单位。

（1）五更。古代把一晚分成五个时段，用鼓打更报时，所以叫做五更、五鼓或五夜。

（2）鼓。古时常夜间击鼓报时，所以古人常以鼓代更。

（3）漏。古时用滴漏计时，夜间凭漏刻传更。

（4）时。时是时辰。

（5）点。古人将一夜分为五更，每更分为五点。每点约等于现代的24分钟。

（6）刻。古人把一昼夜分为100刻，实算96刻，每刻15分钟。漏刻指很短的时间。

6. 历法名词解释。

（1）农历。我国长期采用一种传统的历法，它以朔望的周期来定月，用置闰的办法使年平均长度接近太阳回归年,因这种历法安排了二十四节气以指导农业生产活动,故叫农历夏历,俗称阴历。古人写文章,凡用序数纪月的,大多以农历为据。

（2）二十四节气。是我国古代历法的重要组成部分。古人根据太阳一年内的位置变化以及所引起的地面气候的演变次序,把一年三百六十五又四分之一的天数分成二十四段,分别在十二个月中,以反映四季、气温、物候等情况,这就是二十四节气。每个月分为两段,月首叫"节气",月中叫"中气"。二十四节气的顺序为:"春雨惊春清谷天,夏满芒夏暑相连,秋处露秋寒霜降,冬雪雪冬小大寒。"

①初阳。约在农历十一月,冬至以后、立春以前一段时间。此时阳气初动,故称初阳。如《孔雀东南飞》:"往昔初阳岁,谢家来贵门。"

②四时。指春夏秋冬四季。农历以正月、二月、三月为春季,分别称为孟春、仲春、季春;以四月、五月、六月为夏季,分别为孟夏、仲夏、季夏;秋季、冬季以此类推。

③社日。古代农民祭祀土地神的节日,在春分前后。如《永遇乐》:"可堪回首,佛狸祠下,一片神鸦社鼓。"社鼓,指社日祭祀土地神的鼓声。

③初七。农历七月初七,民间有七夕乞巧的风俗。传说为牛郎织女聚会之夜。如《孔雀东南飞》:"初七及下九,嬉戏莫相忘。"

④下九。农历每月十九日,是妇女欢聚的日子。

古代官职

一、中央官职和地方官职

古代官职涉及官署名、官名、官员的职掌等方面,各朝代的情况也不尽相同。大致可分为中央官职和地方官职两大类。

1.中央官职。秦设丞相、太尉和御史大夫,组成中枢机构。丞相管行政,太尉管军事,御史大夫管监察和秘书工作。汉朝大体上沿袭秦制称为太公,下有九卿,分管各方面政务。隋唐又演变为三省六部制,三省为中书省(决策)、门下省(审议)、尚书省(执行),三省的长官都是宰相。宋代中书省职权扩大,同枢密院分掌文武大权,门下省、尚书省遂废。明代内阁为最高政务机构,内阁大臣称为辅臣,首席称为首辅(即宰相)。清代有军机处,王、公、尚书等为军机大臣,掌握政府大权。

2.六部,是指吏部、户部、礼部、兵部、刑部、工部。吏部,管官吏任免、考核、升降等事;户部,管土地户口、赋税财政等事;礼部,管典礼、科举、学校等事;兵部,管军事;刑部,管司法刑狱;工部,管工程营造、屯田水利等事。各部长官为尚书,副职为侍郎,下设郎中、员外郎、主事等。

此外,中央还设有专门机构和官员,负责管理图书、编修历史、制定历法等工作。

3.地方官职。秦汉的主要行政区是郡。郡的长官,秦称郡守,汉称太守。隋朝的主要行政区是州,州官称刺史,属官有长史、司马等。唐代在一些军事重镇设节度使,属官有行军参军、参谋、掌书记等。宋代州官称知州,县官称知县。明清改州为府,称知府。

此外,汉代也设州,天下分十几个州,基本上是监察区,中央派官员去刺探情况,称刺史。隋唐全国分十几个道,也称监察区,中央派官员前往巡视,称黜陟使。宋代全国分二十左右个路,路中设若干个司,分管各方面的事务。元代地方最高行政机构叫行中书省,明代改称承宣布政使司,习惯上仍称"省"。

二、常见的官名释义

1.皇帝。秦王嬴政统一六国之后,王绾、李斯等根据传说中的三皇的名称,上尊号为秦皇。嬴政决定兼采帝号,称为皇帝,意思是他的功德可以和"三皇五帝"相提并论。从此,历代封建君主都称皇帝,俗称皇上。

2. 太上皇。秦始皇尊称他的父亲庄襄王为太上皇；汉高祖刘邦尊称他的父亲太公为太上皇，也尊称为"上皇"。历代皇帝未死时即传位于太子，也就自称太上皇。

3. 驸马。驸马最早只是一个官职，汉代武帝时设置驸马都尉，意思是掌副车之马，原为近侍官的一种，多由宗室及外戚、诸公主的子孙充任。魏晋以后，皇帝的女婿照例加此称号，简称为驸马，但并不是实际的官职，清代时则称为"额驸"。

4. 爵位。即爵称、爵号，是古代皇帝对贵戚功臣的封赐。旧说周代有公、侯、伯、子、男五种爵位，后代爵称和爵位制度往往因时而异。如汉初刘邦既封皇子为王，又封了七位功臣为王，彭越为梁王，英布为淮南王等；魏曹植曾被封为陈王；唐郭子仪被封为汾阳郡王；清太祖努尔哈赤封其子阿济格为英亲王，多铎为豫亲王，豪格为肃亲王；再如宋代寇准封莱国公，王安石封荆国公，司马光为温国公；明代李善封为韩国公，李文忠封为曹国公；刘基封诚意伯，王阳明封新建伯；清代曾国藩封为一等毅勇侯，左宗棠封二等恪靖侯，李鸿章封一等肃毅伯。

5. 宰相。封建时代对君主负责的人称为宰相，其位置大致相当于今天的"总理"或"首相"。宰是主持，相是辅助的意思。历代都另有正式的官名，其职权大小以及行使权力的方式都有所不同。封建时代民间常用"一人之下，万人之上"来描述宰相的地位，但一般地说，由于君主集权的加重，宰相的权力也随之而减轻，这其中最为典型的是明朝。明代为了防止权臣篡位，废除丞相而以内阁大学士协助皇帝处理政务，后来大学士成为事实上的宰相。

6. 丞相。是封建官僚机构中的最高官职，是秉承君主旨意综理全国政务的人。有时称相国，常与宰相通称，简称"相"。

7. 学士。在古代，学士不是指学位，而是官名。魏晋时征文学之士，主管典礼、编纂、撰述等事务，通称学士。因所属机关不同，职权各异。有主管撰述的，有专为皇帝侍讲、侍读的，还有草拟奏令、参与机密的。宋代的观文殿、资政殿、端明殿学士与大学士是专门为那些需要礼遇的大臣或文学之士而设，全是虚衔。而明清两代的殿阁学士实际上掌握着宰相的职权，这是历代地位最高的"学士"了。

8. 博士。博士同样是官名。六国时诸子、诗赋、方技都设有博士，秦、汉两代都沿袭了这一官职。西汉时属太常，称太常博士，汉武帝建元五年设五经博士，晋代设国子博士，唐代有太学国子诸博士和律学博士、算学博士等，都为教授官，博士中不乏著名的文学家和学者，如唐代的韩愈就是货真价实的国子博士。

9. 太医。周官中设医师，主管医务政令。秦、汉两代设太医令丞。汉代初期属太常寺，后来改属少府。魏晋南北朝时相沿设置。隋代设置太医属，宋代改称太医局，元代又改为太医院，明清两代不变，其职责都没有大的变化。后世泛指皇帝的医生为太医或御医。

10. 太师。指两种官职，其一，古代称太师、太傅、太保为"三公"，后多为大官加衔，表示恩宠。其二，古代又称太子太师、太子太保为"东宫三师"，都是太子的老师，太师是太子太师的简称，后来也逐渐成为虚衔。

11. 太傅。参见"太师"条。古代"三公"之一。又指"东宫三师"之一，后逐渐成为虚衔。

12. 少保。指两种官职，其一，古代称少师、少傅、少保为"三孤"，后逐渐成为虚衔。其二，古代称太子少师、太子少傅、太子少保为"东宫三少"，后也逐渐成为虚衔。

13. 尚书。最初是掌管文书奏章的官员。隋代始设六部，唐代确定六部为吏、户、礼、兵、刑、工，各部以尚书、侍郎为正副长官。

14. 上卿。周代官制，天子及诸侯皆有卿，分为上中下三等，最尊贵者谓"上卿"。

15. 大将军。先秦、西汉时是将军的最高称呼。魏晋以后逐渐成虚衔而无实职。明清两代于战争时才设大将军官职，战后即废除。

16. 参知政事。又简称"参政"。是唐宋时期最高政务长官之一，与同平章事、枢密使、枢密副使合称"宰执"。

17. 军机大臣。军机处是清代辅佐皇帝的政务机构。任职者无定员，一般由亲王、大学士、尚书、侍郎或京堂兼任，称为军机大臣。军机大臣少则三四人，多则六七人，被称为"枢臣"。

18. 军机章京。参见"军机大臣"条。是军机处的办事人员，军机大臣的属官，被称为"小军机"。

19. 御史。本为史官，秦以后设置御史大夫，职权仅次于丞相，主管弹劾、纠察官员过失诸事。

20. 枢密使。枢密院的长官，唐时由宦官担任，宋以后改由大臣担任。枢密院是管理军国要政的最高国务机构之一，枢密使的权力与宰相相当。清代军机大臣往往被尊称为"枢密"。

21. 左徒。战国时楚国的官名，与后世左右拾遗相当。主要职责是规劝皇帝、举荐人才。

22. 太尉。元代以前的官职名称，是辅佐皇帝的最高武官。汉代称大司马。宋代定为最高一级武官。

23. 士大夫。先秦官名，比卿低一等。

24. 大夫。各个朝代所指的内容不尽相同，有时可指中央机关的要职，如御史大夫、谏议大夫等。

25. 太史。西周、春秋时为地位很高的朝廷大臣，掌管起草文书、策命诸侯卿大夫、记载史事，兼官典籍、历法、祭司等事。秦汉以后设太史令，其执掌范围渐小，其地位渐低。

26. 长史。秦时为丞相属官，如李斯曾任长史，相当于丞相的秘书长。两汉以后成为将军属官,是幕僚之长。

27. 侍郎。初为宫廷近侍,东汉以后成为尚书的属官。唐代始以侍郎为三省(中书、门下、尚书)各部长官(尚书)的副职。

28. 侍中。原为正规官职外的加官之一。因侍从皇帝左右、地位渐高,等级超过侍郎。魏晋以后,往往成为事实上的宰相。

29. 郎中。战国时为宫廷侍卫。自唐至清成为尚书、侍郎以下的高级官员,分掌各司事务。

30. 参军。"参谋军务"的简称,最初是丞相的军事参谋,晋以后地位渐低,成为诸王、将军的幕僚。隋唐以后逐渐成为地方官员。

31. 令尹。战国时楚国执掌军政大权的长官,相当于丞相,明清时指县长。

32. 尹。参见"令尹"条。战国时楚国令尹的助手有左尹、右尹。左尹地位略高于右尹。又为古代官的通称,如京兆尹、河南尹、州尹、县尹等。

33. 都尉。职位次于将军的武官。

34. 冏卿。太仆寺卿的别称,掌管皇帝车马、牲畜之事。

35. 司马。各个朝代所指官位不尽相同,战国时为掌管军政、军赋的副官,隋唐时是州郡太守(刺史)的属官。

36. 节度使。唐代总揽数州军政事务的总管,原只设在边境诸州,后内地也遍设,造成割据局面,因此世称"藩镇"。

37. 经略使。也简称"经略"。唐宋时期为边防军事长官,与都督并置。明清两代有重要军事任务时特设经略,官位高于总督。

38. 刺史。原为巡察官名,东汉以后成为州郡最高行政长官,有时称为太守。

39. 太守。参见"刺史"条。又称"郡守",州郡最高行政长官。

40. 都督。参见"经略使"条。军事长官或领兵将帅的官名,有的朝代地方最高长官亦称"都督",相当于节度使或州郡刺史。

41. 巡抚。明初指京官巡察地方。清代正式成为省级地方长官,地位略次于总督，别称"抚院""扶台""抚军"。

42. 校尉。两汉时期次于将军的官职。

43. 教头。宋代军中教练武艺的军官。

44. 提辖。宋代州郡武官的官名，主管训练军队、督捕盗贼等事务。

45. 从事。中央或地方长官自己任用的僚属，又称"从事员"。

46. 知府。即"太守"，又称"知州"。

47. 县令。一县的行政长官，又称"知县"。

48. 里正。古代的乡官，即一里之长。

49. 里胥。管理乡里事务的公差。

三、官职变动词语集释

1. 表授予官职的词语。

征：由皇帝征聘社会知名人士充任官职。

辟：由中央官属政聘，然后向上荐举，任以官职。

选：通过推荐或科举选拔任以官职。

除：任命、授职。

授：授予官职。

赏：指皇帝特意赐给官衔或爵位。

封：指帝王将爵位或土地赐给臣子。

起：起用人任以官职。

2. 表罢免官职的词语。

罢：免去，解除官职。

黜：废掉官职。

免：罢免。

夺：削除。

3. 表提升官职的词语。

升：升官。

擢：在原官上提拔。

拔：提升本来没有官职的人。

迁：一般指提升。

陟：进用。

加：加封，即在原来的官衔上增加荣衔。

拜：按一定的礼节授予官职，一般用于升迁高官。

4. 表降低官职的词语。

谪：因罪被降职或流放。

贬：降职。

放：驱逐，流放。

左除、左降、左转、左授、左宦、左迁：降职。

5. 表调动官职的词语。

徙：一般的官职调动。

调：变换官职。

转：调动官职。

补：补充空缺官职。

改：改任官职。

出：京官外调。

6. 表兼、代官职的词语。

兼：兼任。

摄：暂代官职。

守：暂时署理职名，多指官阶低的人署理官阶高的职务。

领：兼任。

行：代理官职。

署：代理、暂任。

权：暂代官职。

判：高位兼低职。

7. 表辞去官职的词语。

悬车：辞官居家。

解官：辞去官职。

致仕：交还官职，即退休。

乞骸骨：自请退职，意为请求使骸骨归葬故乡。

乞身：古代认为做官是委身事君，因此请求退职为"乞身"。

请老：告老，古代官吏请求退休。

移病：上书称病，为官者要求隐退的委婉语。

8. 其他。

视事：任职。

下车：官吏初到任。

解褐：脱去粗布衣服，喻人任为官。

古代地理

一、地区名

1. 江表。指长江以南的地区。

2. 关中。指函谷关以西的地区。

3. 山东。指崤山以东的地区。有时"山东"也指太行山以东的地区。

4. 河北、河南。指黄河以北和黄河以南的地区。

5. 中国。指中原地区。

二、政区名

1. 九州。古代天下分九州，即冀、兖、青、徐、扬、荆、豫、梁、雍。后来又有十二州说，即从冀州分出并州，从青州分出营州，从雍州分出梁州。一般地说，"九州"泛指中国。

2. 八荒、八州。泛指中国。

3. 郡。行政区域。秦分天下为三十六郡。

4. 国。汉代诸侯王的封域，也是行政区。国的区域略大于郡，所以"郡国"连称。

5. 道。唐代的道是监察区，相当于汉代的州。唐代先分天下为十道，后又分为十五道。

6. 路。宋代的路最初是征收赋税转运漕粮的，后来带有行政区和军区的性质。

7. 省。本是官署名称。元代以中书省为中央政府，又在路之上分设行中书省，简称行省。后来行省成为正式的行政名称，简称省。

8. 县。地方基层行政区域。

三、山川关隘名

1. 江。指长江。

2. 河。指黄河。

3. 崤。指崤山。

4. 函。指函谷关。

5. 岱。指泰山。

6. 五岳。指东岳泰山、西岳华山、南岳衡山、北岳恒山、中岳嵩山。

7. 四岳。指东岳泰山、西岳华山、南岳衡山、北岳恒山。

8. 四渎。指长江、黄河、淮水、济水。

9. 大泽。指云梦（在今湖北省长江南北，本为两泽，江北为云，江南为梦。

后来淤为陆地，今洪湖等是其遗迹）、洞庭、彭蠡（今鄱阳湖）、具区（又名震泽，今太湖）。

10. 五湖。指具区、兆涌（即太湖附近的洮湖和滆湖）、彭蠡、青草（在洞庭湖东南）、洞庭湖。

11. 有古称、别称的地名。

（1）南京又称建康、建业、金陵、江宁、白下、石头城等。

（2）杭州又称临安、钱塘、武林等。

（3）福州又称三山。

（4）镇江又称京口。

（5）开封又称东京。

12. 三都、两都、三辅。

（1）三都。东汉的三都指东都洛阳、西都长安、南都宛。唐代的三都指东都洛阳、北都晋阳、京都长安。

（2）两都。汉代指长安、洛阳。又叫两京。

（3）三辅。汉太初元年，置京兆尹、左冯翊（píng yì）和右扶风三个相当于郡的政区，因为是管辖京都及其附近地区，故合称"三辅"。

13. 畿。古代王都所在地的千里地面，后多指京城管辖的地区。

14. 其他常见地理名词释义。

（1）中华。上古时期华夏族居四方之中的黄河流域一带，故称"中华"，后常用来泛指中原地区。

（2）赤县。古人把中国称作"赤县神州"。

（3）中原。又称中土、中州。狭义的中原指今河南省一带，广义的中原指黄河中下游地区或整个黄河流域。

（4）海内。古代传说我国疆土四面环海，故称国境之内为海内。

（5）四海。指天下、全国。

（6）六合。上下和四方，泛指天下。

（7）八荒。四面八方遥远的地方，犹称"天下"。

（8）西河。又称河西，黄河以西的地区。

（9）江东。因长江在安徽境内向东北方向斜流，而以此段江为标准确定东西和左右。所指区域有大小之分，可指南京一带，也可指安徽芜湖以下的长江下游南岸地区，即今苏南、浙江及皖南部分地区称作江东。

（10）江左。即江东。古人以东为左，以西为右。

（11）江南。长江以南的总称，所指区域因时而异。

（12）淮左。淮水东面。

（13）关东。古代指函谷关或潼关以东地区，近代指山海关以东的东北地区。如曹操《蒿里行》："关东有义士，兴兵讨群凶。"指潼关以东地区。

（14）关西。指函谷关或潼关以西地区。如《赤壁之战》："马超、韩遂尚在关西，为操后患。"

（15）西域。古代称我国新疆及其以西地区。

（16）岭峤。五岭的别称，指越城、都庞、萌渚、骑田、大庾等五岭。

（17）朔漠。指北方的沙漠，也可单称"朔"，泛指北方。

（18）百越。又作百粤、诸越。古代越族居住在江浙闽粤各地，统称为百越。古文中常泛指南方地区。

（19）三秦。指潼关以西的关中地区。项羽灭秦后曾将此地封给秦军三位降将，故得名。

科举制度

1.察举。汉代选拔官吏制度的一种形式。察举有考察、推举的意思，又叫荐举。由侯国、州郡的地方长官在辖区内随时考察、选取人才，推荐给上级或中央，经过试用考核，再任命官职。察举的主要科目有孝廉、贤良文学、茂才等。

2. 征辟。也是汉代选拔官吏制度的一种形式。征，是皇帝征聘社会知名人士到朝廷充任要职。辟，是中央官署的高级官僚或地方政府的官吏任用属吏，再向朝廷推荐。

3. 孝廉。汉代察举制的科目之一。孝廉是孝顺父母、办事廉正的意思。实际上察举多为世族大家垄断，互相吹捧，弄虚作假，当时有童谣讽刺："举秀才，不知书；举孝廉，父别居。"

4. 科举。指历代封建王朝通过考试选拔官吏的一种制度。由于采用分科取士的办法，所以叫科举。从隋代至明清，科举制实行了一千三百多年。到明朝，科举考试形成了完备的制度，共分四级：院试（即童生试）、乡试、会试和殿试，考试内容基本是儒家经义，以"四书"文句为题，规定文章格式为八股文，解释必须以朱熹《四书集注》为准。

5. 童生试。也叫"童试"，明代由提学官主持、清代由各省学政主持的地方科举考试，包括县试、府试和院试三个阶段，院试合格后取得生员（秀才）资格，方能进入府、州、县学学习，所以又叫入学考试。应试者不分年龄大小都称童生。

6. 乡试。明清两代每三年在各省省城（包括京城）举行的一次考试，因在秋八月举行，故又称秋闱。主考官由皇帝委派。考后发布正、副榜，正榜所取的叫举人，第一名叫解元。

7. 会试。明清两代每三年在京城举行的一次考试，因在春季举行，故又称春闱。考试由礼部主持，皇帝任命正、副总裁，各省的举人及国子监监生皆可应考，录取三百名为贡士，第一名叫会元。

8. 殿试。科举制最高级别的考试，皇帝在殿廷上，对会试录取的贡士亲自策问，以定甲第。实际上皇帝有时委派大臣主管殿试，并不亲自策问。录取分为三甲：一甲三名，赐"进士及第"的称号，第一名称状元（鼎元），第二名称榜眼，第三名称探花；二甲若干名，赐"进士出身"的称号；三甲若干名，赐"同进士出身"的称号。二、三甲第一名皆称传胪，一、二、三甲统称进士。

9. 及第。指科举考试应试中选，应试未中的叫落第、下第。

10. 进士。是科举考试的最高功名。贡士参加殿试录为三甲都叫进士。考中进士，一甲即授官职，其余二甲参加翰林院考试，学习三年再授官职。

11. 状元。科举制度殿试第一名，又称殿元、鼎元，为科名中最高荣誉。

12. 连中三元。科举考试以名列第一者为元，凡在乡、会、殿三试中连续获得第一名，被称为"连中三元"。

13. 鼎甲。指殿试一甲三名：状元、榜眼、探花，如一鼎之三足，故称鼎甲。状元居鼎甲之首，因而别称鼎元。

14. 生员。即秀才，通过院试（童试）的可称为生员或秀才。

15. 八股文。明清科举考试制度所规定的一种文体，也叫时文、制义、制艺、时艺、四书文、八比文。这种文体有一套固定的格式，规定由破题、承题、起讲、入手、起股、中股、后股、束股八个部分组成，每一部分的句数、句型也都有严格的限定。"破题"规定两句，说破题目意义；"承题"三句或四句，承接"破题"加以说明；"起讲"概括全文，是议论的开始；"入手"引入文章主体；从"起股"到"束股"是八股文的主要部分，尤以"中股"为重心。在正式议论的这四个段落中，每段都有两股相互排比对偶的文字，共为八股，八股由此得名。八股文的题目，出自《四书》《五经》，八股文的内容，不许超出《四书》《五经》范围，要模拟圣贤的口气，传达圣贤的思想，考生不得自由发挥。

16. 金榜。古代科举制度殿试后录取进士，揭晓名次的布告，因用黄纸书写，故而称黄甲、金榜。多由皇帝点定，俗称皇榜。考中进士就称金榜题名。

17. 同年。科举时代同榜录取的人互称同年。

18. 校。夏代学校的名称,举行祭祀礼仪和教习射御、传授书数的场所。

19. 庠(xiǎng)。殷商时代学校的名称。

20. 序。周代学校的名称。古人常以庠序称地方学校,或泛指学校或教育事业。

21. 国学。先秦学校分为两大类:国学和乡学。国学为天子或诸侯所设,包括太学和小学两种。太学、小学教学内容都是"六艺"(礼、乐、射、御、书、数)为主,小学尤以书、数为主。

22. 乡学。与国学相对而言,泛指地方所设的学校。

23. 稷下学宫。战国时期齐国的高等学府,因设于都城临淄稷下而得名。当时的儒、法、墨、道、阴阳等各学派都汇集于此,他们兴学论战、评论时政和传授生徒,孟子和荀子等大师都曾来此讲学,是战国时期"百家争鸣"的重要园地。

24. 太学。中国封建时代的教育行政机构和最高学府。魏晋至明清或设太学,或设国子学(监),或两者同时设立,名称不一,制度也有变化,但都是教授王公贵族子弟的最高学府。

25. 国子监(jiàn)。汉魏设太学,西晋改称国子学,隋又称国子监,从此国子监与太学互称,都是最高学府兼有教育行政机构的职能。

26. 书院。唐宋至明清出现的一种独立的教育机构,是私人或官府所设的聚徒讲授、研究学问的场所。

27. 学官。古代主管学务的官员和官学教师的统称。如祭酒、博士、助教、提学、学政、教授和教习、教谕等。

28. 祭酒。古代主管国子监或太学的教育行政长官。

29. 博士。古为官名,现为学位名称。秦汉时是掌管书籍文典、通晓史事的官职,后成为学术上专通一经或精通一艺、从事教授生徒的官职。

30. 司业。学官名。为国子监或太学副长官，相当于现在的副校长，协助祭酒主管教务训导之职。

31. 学政。学官名。"提督学政"的简称，是由朝廷委派到各省主持院试，并督察各地学官的官员。学政一般由翰林院或进士出身的京官担任。

32. 教授。原指传授知识、讲课授业，后成为学官名。汉唐以后各级学校均设教授，主管学校课试具体事务。

33. 助教。学官名。是国子监或太学的学官，协助国子祭酒和国子博士教授生徒，又称国子助教。

34. 监生。国子监的学生。或由学政考取，或地方保送，或皇帝特许，后来成为虚名，捐钱就能取得监生资格。

35. 诸生。明清时期经考试录取而进入府、州、县各级学校学习的生员。生员有增生、附生、廪生、例生等，统称诸生。